JN412266

재탄생

소그룹하우스

소그룹하우스 401 졸업시리즈

재탄생

지은이 | 채이석 · 이상화

초판 1쇄 발행 | 2009년 11월 11일

등　록 | 2001.05.02(제4-423)

등록된 곳 | 경기도 용인시 기흥구 중동 38-1번지 웨스트민스터신학대학원대학교 505호

발행처 | 소그룹하우스

발행인 | 채이석

편집인 | 이상화

업무부 | 031-286-2957

편집부 | 031-286-2957

디자인 | 갓츠커뮤니케이션 (02-542-2415)

총판 | 국제제자훈련원(02-3489-4300)

한권 값 | 3,000원

도서출판 소그룹하우스 2009

ISBN 978-89-91586-09-3

목차

Contents

목 차

Contents

머릿말

'소그룹하우스'의 성경공부시리즈들은 소그룹에 참여하는 모든 이들로 하여금 풍성한 교제와 말씀의 깨달음, 그리고 구성원 개개인의 섬김과 복음전파를 향한 헌신의 결단이라는 통전적이고 균형 잡힌 소그룹을 이루도록 구성되어 있습니다.

성경공부가 단순히 머리로 하는 공부에 그쳐서는 무의미하다는 이 교재의 기본 철학을 이해하고, 궁극적으로 건강한 교회를 이루기 위해 건강한 소그룹을 꿈꾸는 '소그룹하우스' 성경공부시리즈를 적용한다면 큰 효과를 기대할 수 있으리라 생각합니다. 초대교회가 경험했던 깊이 있는 교제, 나눔을 통한 치유, 영적인 역동성이 우리 시대에 다시 회복되기를 소원하는 마음 간절합니다. 본 연구원은 건강한 교회 내의 균형 잡힌 소그룹을 일구어 내기 위해 미국의 세렌디피티하우스가 개발하고 있는 자료와 배려에 많은 도움을 입고 있습니다.

그러나 우리의 사역은 한국교회의 상황에 적합한 자료를 개발하기 위해 많은 임상과 연구작업이 함께 병행되는 지난한 과정입니다. 그러한 본 연구원의 사역에 여러 교회와 목회자, 그리고 성도님들의 후원이 큰 격려가 되었음을 말씀드리며 감사를 드립니다. 특별히, 401교재인 '재탄생' 초판 제작을 후원해 주신 당진동일교회(담임:이수훈 목사)에 감사드립니다.

그동안 끈기 있게 기다리며 후원의 끈을 놓지 않으신 본 연구원의 귀한 후원자들과 임상에 참여해 주신 비전교회 교역자 및 순장님들께 다시 한 번 감사드리며 귀한 후원의 결과를 한국교회와 나누기 원합니다.

아무쪼록 소그룹을 통해 재생산의 열매를 맛보기 원하는 모든 사역자들에게 401 '재탄생' 교재가 적절한 도구가 되기를 바라는 마음 간절합니다.

한국소그룹목회 연구원 원장 채 이 석 목사

대표 이 상 화 목사

교재활용안내

소그룹하우스의 성경공부 교재는 크게 3부분 – 1) 마음열기 2) 말씀나눔 3) 보살핌 –으로 구성되어 있습니다. 성경공부를 시작하기 전에 이 세 가지에 대한 충분한 이해를 하지 못하고 마치 '마음열기'를 단순한 게임으로 생각한다든지 '말씀나눔' 시간을 학문적인 탐구로 생각한다거나 '보살핌' 시간을 단순히 끝나는 의례로 생각하고 진행한다면 본 교재를 끝낸 후 허탈감을 느낄 수도 있다는 것을 유념하셔야 합니다.

마음열기

마음열기는 모임을 시작하여 곧바로 그 날의 주제에 대한 연구나 토론으로 들어갈 때 발생하는 어색하고 딱딱한 분위기를 방지해주는 활동입니다. 사람들이 서로에 대하여 더 깊이 알 수 있도록 돕는 재미있고 흥미로운 시간을 통하여 누구나 두려움 없이 활기차게 이야기 할 수 있도록 분위기를 돋구어 주는 역할을 합니다. 이 시간을 통해 참여자들 모두가 생활인으로서 일상의 여러 가지 힘들었던 일들을 잊고 소그룹 안에서 기쁨으로 대화를 시작하게 될 것입니다.

여러분이 맺고 있는 관계의 영역을 여러 개의 방으로 된 집과 같다고 상상해 보십시오. 우리는 거의 언제나 그 관계의 영역 가운데 단지 몇 개의 방만 방문할 것입니다. 정보를 나누고, 날씨에 대하여 이야기하고, 무엇을 구입할 것인지 토론하는 등의 모든 관계가 단 몇 개의 방에서만 이루어집니다.

소그룹 안에서 이루어지는 관계는 그 보다 더 많은 것을 제공할 수 있습니다. 건강한 소그룹은 각 구성원들이 그리스도인의 교제의 자리에서 더 많은 것들을 함께 나눌 수 있도록 허락합니다. 여러분의 소그룹은 여러 가지 방들의 문을 활짝 열어 주어야 합니다. 그래서 더 많은 추억담, 즐거움, 격려, 고백, 약속, 기도 그리고 서로의 꿈을 나눌 수 있도록 도와야 합니다.

말씀나눔

소그룹성경공부교재는 크게 101(부름심시리즈), 201(성숙시리즈), 301(심화시리즈), 401(졸업시리즈) 네 부분으로 구성되어 있습니다. 401(졸업시리즈) 성경연구는 신앙고백과 자신의 삶의 이야기를 많이 나눌 수 있도록 구성된 교재입니다.

401(졸업시리즈)은 그동안 진행해 온 소그룹 모임을 돌아보고, 새로운 방향을 향해 미래를 내다보며 준비하는 과정으로 그룹의 생명주기 중 마지막 시기에 해당합니다. 탄생기에서는 마음열기의 비중이 높고 상대적으로 말씀 나눔의 비중이 적었지만 성장기에서는 말씀나눔에 더 높은 비중을 두게 됩니다(부록 : TALK 전략 참조). 그리고 마지막 졸업시리즈에서는 새로운 소그룹의 재탄생을 준비하고, 소그룹을 진행하는 동안 구성원 상호간에 발견한 은사를 확인하는데 비중을 두어 구성하였습니다.

보 살 핌

잘 시작하는 것이 중요하다면 잘 마치는 것의 중요성도 역시 같은 비중으로 가치가 있습니다. 보살핌은 그룹이 자신들의 모임을 함께 평가하면서 마무리하는 활동들입니다. 이것은 영적인 활동입니다. 대부분의 사람들은 낯선 모임 속에 들어와서 곧 바로 자신들의 영적인 삶에 대해 마음열고 이야기할 수 없습니다. 모임이 가장 솔직하고 가장 정직해 질 수 있는 시간은 끝마칠 때의 기도시간입니다. 서로에 대하여 약속하는 연습, 활동을 계획 하는 일들, 그리고 성구를 나누는 것도 역시 효과적인 마무리 활동들입니다. 각 과에는 보살핌을 위한 유용한 도구들이 소개되어 있습니다.

지금까지 각 교회에서 해 왔던 방식의 성경연구와 토론만으로는 소그룹이 서로를 신뢰하고 친밀감을 느끼는 곳에 안착할 수 없습니다. 안전한 그리스도인 공동체를 세우는 일은 힘 있는 체험이지만 매우 민감한 과정입니다. 적절한 마음열기와 마무리 도구를 활용함으로 여러분의 소그룹은 기도하고, 함께 울고 웃으며, 고백하고, 격려하며, 성경을 자신들의 삶에 적용하는 특별한 교제의 장이 될 것입니다.

특히 새로운 탄생을 준비해야 할 401(졸업시리즈) 에서의 보살핌은 그 어느 때 보다도 진지하고 신중하게 다루어야 할 시간입니다. 본 교재의 보살핌을 통해 준비된 재탄생의 기쁨을 마음껏 누려보시기를 바랍니다.

제1과

소그룹을 향한 새로운 꿈

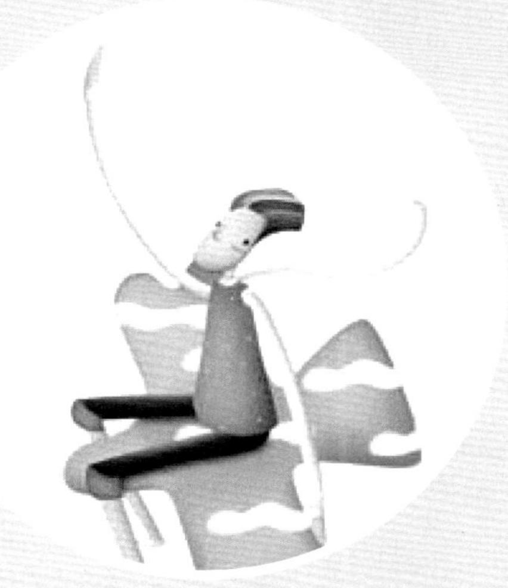

왜곡된 거울을 보는 것처럼 우리의 모습은 하나님의 형상이 왜곡된 모습이다.

거울 속의 십자가는 비뚤어져 있다.

또한 지식을 아는 머리만 커져있다.

하지만 실제 우리의 모습은 하나님이 만드신 거룩한 형상이다.

1

소그룹을 향한 새로운 꿈

마음열기

진행안내 이 교재(401-재탄생)는 우리가 같은 소그룹에서 말씀나눔과 교제를 해오던 동안 인도해 주신 하나님께 감사하며, 소그룹을 향한 새로운 꿈을 품기 위해 준비된 것입니다. 마음열기는 그동안 진행된 소그룹 시간의 귀한 경험을 나누기 위한 것으로 구성되어있습니다. 질문이 많으므로 진행자는 적절히 시간을 안배하여 주시기 바랍니다.

회상하기

1. 당신은 소그룹에 참여하라는 권유를 누구에게 처음 받았습니까?
   (당신의 소그룹이 어떻게 시작되었는지 기억나는 대로 나누어 보십시오.)

2. 처음 요청 받았을 때의 기분을 표현한다면 뭐라고 표현하시겠습니까?

(첫모임은 어디에서 하셨습니까?)

예) 설레임, 반가움, 두려움...

3. 첫 모임에서 가장 인상 깊었던 인물은 누구입니까? 그 이유도 나누어 주십시오.

4. 지금까지 나누었던 이야기 중에 가장 기억에 남는 말은 무엇입니까?

우리 소그룹의 어록(語錄)을 작성해 보십시오.

· ______________________________

· ______________________________

· ______________________________

5. 우리 소그룹이 "서로 신뢰할 만한 사람들이 모였다"는 느낌을 받았던 때는 언제입니까?

6. 소그룹에 처음 참석했을 때 가졌던 '기대'를 나누어 주십시오.

말씀나눔

진행안내 이곳에서 잠시 숨을 돌리고 이 과정의 목적을 구성원들에게 상기 시켜 주십시오. 이 과의 목적은 과거의 일을 정리해 보고 감사하며 하나님이 우리에게 맡기신 새로운 일을 향해 결단할 수 있도록 돕는 것입니다. 이것은 개인에게나 그룹에게 모두 적용됩니다. 깊은 나눔과 시간절약을 위해 말씀나눔 시 인원구성은 4-6명 정도가 좋습니다. 대부분의 질문이 정답이나 오답이 없는 질문들입니다. 이런 질문에 대해서는 정답을 알아맞히기 위해 고심할 필요가 전혀 없습니다. 하나님께서 주시는 자신의 마음과 생각을 자연스럽게 나누어주시기만 하면 됩니다.

예수께서 하늘로 승천하심

(행 1:1-11)

개역성경

1 데오빌로여 내가 먼저 쓴 글에는 무릇 예수께서 행하시며 가르치시기를 시작하심부터 2 그가 택하신
사도들에게 성령으로 명하시고 승천하신 날까지의 일을 기록하였노라 3 그가 고난 받으신 후에 또한
그들에게 확실한 많은 증거로 친히 살아 계심을 나타내사 사십 일 동안 그들에게 보이시며 하나님 나
라의 일을 말씀하시니라 4 사도와 함께 모이사 그들에게 분부하여 이르시되 예루살렘을 떠나지 말고
내게서 들은 바 아버지께서 약속하신 것을 기다리라 5 요한은 물로 세례를 베풀었으나 너희는 몇 날이
못되어 성령으로 세례를 받으리라 하셨느니라 6 그들이 모였을 때에 예수께 여쭈어 이르되 주께서 이
스라엘 나라를 회복하심이 이 때니이까 하니 7 이르시되 때와 시기는 아버지께서 자기의 권한에 두셨
으니 너희가 알 바 아니요 8 오직 성령이 너희에게 임하시면 너희가 권능을 받고 예루살렘과 온 유대
와 사마리아와 땅 끝까지 이르러 내 증인이 되리라 하시니라 9 이 말씀을 마치시고 그들이 보는데 올
려져 가시니 구름이 그를 가리어 보이지 않게 하더라 10 올라가실 때에 제자들이 자세히 하늘을 쳐다보
고 있는데 흰 옷 입은 두 사람이 그들 곁에 서서 11 이르되 갈릴리 사람들아 어찌하여 서서 하늘을 쳐
다보느냐 너희 가운데서 하늘로 올려지신 이 예수는 하늘로 가심을 본 그대로 오시리라 하였느니라

1. 적절한 때를 안다는 것은 인생에 있어서 말할 수 없이 중요합니다. 살아오는 동안 때를 잘 맞춘 것으로 인해 기쁘고 감사했던 일이나 그 반대였던 일이 있으면 나누어 보십시오.

2. 부활하신 예수님은 하늘로 승천하시기 전까지 40일 동안 제자들과 함께 계시면서 하나님 나라에 관한 것을 가르치셨습니다.(3절) 그러나 제자들은 하나님 나라에 관한 예수님의 가르침을 잘 깨닫지 못하고 여전히 "주께서 이스라엘 나라를 회복하심이 이 때니이까?"라며 하나님 나라의 완성의 때에 대한 무지한 질문을 던졌습니다. 이 때 예수님의 마음은 어떠했으리라고 생각하십니까?

3. 하나님 나라의 때를 묻는 제자들의 질문에 대해 "때와 시기는 하나님의 권한에 있기 때문에 너희가 알 일이 아니라"는 예수님의 답변(7절)은 제자들에게 어떤 느낌을 주었을까요?

4. 제자들은 다락방으로 돌아가서 성령께서 오시기를 기다리던 10일 동안 기도했습니다. 기도와 더불어 제자들이 했던 일이 더 있다면 무엇일까요?

- 그들의 복잡하고 혼란스런 마음을 털어놓고, 예수님께서 예루살렘을 떠나지 말고 약속하신 것을 기다리라 하셨으니 조금 더 기다려 보자고 서로 격려했을 것이다
- 옛날 예수님과 함께 지냈던 추억을 이야기 했을 것이다
- 처음으로 그리스도인들만이 누리는 회복과 기쁨의 공동체를 경험했을 것이다
- 정작 눈앞에 예수님께서 보이지 않아 근심하며 두려워했을 것이다.
- 기타 ______________________________

5. 만일 당신이 제자들처럼 승천하시는 예수님의 모습을 바라보면서 하늘을 쳐다보고 있었다면 예수님께서 당신에게 무슨 말씀을 하셨으리라고 생각하십니까?
(예 : 더 많이 기도하는 기도의 사람이 되어라, 이제는 삶 속에서 말씀을 적용하는 사람이 되어라. 더 이상 갈팡질팡 하지 말고 견고한 심지를 가져라.)

6. 매주 소그룹 모임에 참여하여 이제 마무리하는 시점입니다. 당신의 지금 심정을 압축적으로 표현해 보십시오.(예: 우리 모임 이후 앞으로 새롭게 펼쳐질 사역에 대해 기대가 크다. 우리 모임이 좀 더 지속되었으면 하는 바램이 있다. 등)

7. 사도행전 1장 1절-11절에 비추어 볼 때 교회내의 소그룹(혹은 구역, 다락방, 속회 등)이 어떻게 진행되었으면 좋겠습니까? 한사람씩 돌아가면서 아래의 두 문장을 완성하고 왜 그렇게 생각하는지 이유를 나누어 보십시오

"나는 우리 소그룹이 ____________________ 곳이 되었으면 좋겠습니다."
"나는 우리 교회가 ____________________ 사람들을 위한 소그룹을 시작했으면 좋겠습니다."

보 살 핌

진행안내 아래에 있는 문장을 완성하고 한사람씩 자신이 완성한 문장을 설명해 주십시오. 인도자는 나눈 내용을 잘 정리하여 감사의 제목에는 감사하고, 새로운 결단에 대해서는 그 결심을 이룰 수 있는 힘을 성령님께서 허락해주시도록 다함께 기도함으로써 모임을 마치십시오.

소그룹을 진행하는 지난 시간동안 나는 ____________________로 인하여 감사드립니다.

이번 과를 공부하면서 새롭게 하게 된 결심은 ______________________________ 입니다.

제2과

은사발견

1위와 2위가 뒤바뀐 세상,

자신의 자리에서 인정받는 세상이 되었으면 좋겠다

2

은사발견

마음열기

! *진행안내* 이 과의 목적은 개인의 영적인 은사를 발굴하고, 그 은사들을 새로운 소그룹을 탄생시키기 위해 활용하는 것에 있습니다. 아래의 영적 은사분별표를 작성하십시오. 그리고 본문연구를 하면서 이 분별표를 통해 발견한 것을 나누십시오. 아래 분별표는 당신의 영적은사를 발견할 수 있도록 도움을 줄 것입니다.

영적은사 분별표

다음의 질문에 대하여 자신의 생각과 가장 일치하는 것과 가장 일치하지 않는 것에 대하여 1점부터 10점 사이의 점수를 스스로 매긴 후 (   ) 안에 그 점수를 기록하여 주십시오. 기말고사를 보는 것은 아니니 너무 깊이 생각하지 마십시오.

1. 나는 어떤 사람이 더 나아질 수 있도록 돕는 것을 기뻐한다. (　)

2. 나는 항상 위로받던 일들을 생각하고 남이 고난당할 때 위로하기를 기뻐한다. (　)

3. 나는 어떤 상황에 대해 필요한 지식과 진리를 잘 설명한다. (　)

4. 나는 신앙이 흔들리거나 영적인 문제에 직면한 이들을 잘 격려한다. (　)

5. 나는 재정관리를 효과적으로 하고 하나님의 일에 후히 드리는 편이다. (　)

6. 나는 영적인 일의 성취를 위해 사람들을 조직하고, 일을 맡는 것이 어렵지 않다. (　)

7. 나는 남들의 불행에 동정적이다. (　)

8. 나는 다른 사람에게 충고할 때 성경을 자주 인용한다. (　)

9. 나는 사람들의 마음을 편하게 해 주는 방법을 알고 있다. (　)

10. 나는 성경의 진리를 깨달은 후 남에게 소개해 주는 것을 기뻐한다. (　)

11. 나는 사람들의 영적성장과 성취를 위해 그들을 격려하는데 큰 관심이 있다. (　)

12. 나는 물질적인 제공을 즐겨하고 그 일로 주님의 일에 진전을 가져온다. (　)

13. 나는 다른 이들의 활동을 효과적으로 관리할 수 있다. (　)

14. 나는 병원이나 환자들을 방문하는 일을 좋아한다. (　)

15. 나는 다른 사람이나 기관을 위해 기도하는 그룹에 참여하는 것을 좋아한다. (　)

16. 나는 지도자로 임명되지 않아도 주님의 일이라면 남을 돕는 일에 적극적으로 응한다. (　)

17. 나는 하나님 말씀의 의미를 보다 선명하고 주의 깊게 파악하는 일에 관심이 있다. (　)

18. 나는 영적으로 상처 받은 사람들을 치료하는 일에 최선을 다한다. (　)

19. 나는 남들이 주님의 일을 하도록 나의 가진 것을 내놓는 일을 기뻐한다. (   )

20. 나는 남들이 주님의 일을 효과적으로 할 수 있도록 계획과 방향설정을 잘한다. (   )

21. 나는 어려운 문제에 처한 이들에게 큰 관심을 갖는다. (   )

22. 내가 시간을 내어 하고 싶은 일은 기도하는 것이다. (   )

23. 나는 손님들을 위하여 편안한 안식처를 제공하기를 기뻐한다. (   )

24. 나는 성경공부를 즐기고 깊이 있는 말씀연구에 관심이 많다. (   )

25. 나는 개인적인 문제로 상담하고자 하는 사람들에게 조언을 잘한다. (   )

26. 나는 영적인 일에 있어서 재정적인 문제를 해결해 주는 데 관심이 많다. (   )

27. 나는 행정관리에 관심이 많고 행정적인 일을 원만하게 이끌 수 있다. (   )

28. 나는 공동체에서 소외된 이들과 일하기를 좋아한다. (   )

29. 나는 어떤 일을 결정할 때 오랜 조사를 하기 보다는 이미 느끼고 있고 믿고 있는 것에 따라 결정하는 경향이 있다. (   )

30. 나는 중요한 사람들의 짐을 나누어지고 그들이 더 효과적으로 일할 수 있도록 돕기를 기뻐한다. (   )

31. 나는 성경말씀이 어떻게 서로 관련되어 있는지를 설명 하는 것을 기뻐한다. (   )

32. 나는 사람들의 영적 발전을 방해하는 것이 무엇인지를 잘 알고 그들의 영적문제 극복을 돕기를 기뻐한다. (   )

33. 나는 재정지원에 관심을 갖고 그것을 분배하는 일을 기뻐한다. (   )

34. 나는 남들을 나와 같은 방향으로 이끌기 위해 어떻게 해야 할지를 잘 알고 있다. (   )

35. 나는 남들의 감정에 잘 공감하여 그들의 필요를 알고 빨리 도울 수 있다. (   )

은사	항목	점수	항목	점수	항목	점수	항목	점수	항목	점수	합 계
A	1		8		15		22		29		
B	2		9		16		23		30		
C	3		10		17		24		31		
D	4		11		18		25		32		
E	5		12		19		26		33		
F	6		13		20		27		34		
G	7		14		21		28		35		

A: 중보　B: 봉사　C: 가르침　D: 권고, 격려　E: 구제

F: 행정, 관리, 다스림　G: 개인사역, 동정, 문안

합계 점수가 높은 순으로 1-3까지는 1차적 은사이며 4-5까지는 2차적인 은사이다.

▲ 이 설문지는 영국의 '세계부흥선교회'에서 기본 은사개발을 위해 작성된 것을 변형한 것입니다.

말씀나눔

진행안내 이 교재는 다음의 두 가지 목표가 있습니다. 1) 하나님께서 과거에 당신의 소그룹에서 행하신 일을 기념하는 것과 2) 당신의 교회의 미래에 대하여 비전을 품고 더 많은 새로운 소그룹들이 탄생될 수 있게 하는 것입니다. 본문에는 예배를 드리러 성전에 올라가던 길에서 갑자기 구걸하는 사람을 만나게 된 두 제자들에 관한 이야기가 기록되어 있습니다. 한 사람이 큰 소리로 읽은 후 다음 질문들로 토론해 주십시오.

그리스도의 이름으로

(행 3 : 1–10)

개역성경

1 제 구 시 기도 시간에 베드로와 요한이 성전에 올라갈 새 2 나면서 못 걷게 된 이를 사람들이 메고 오
니 이는 성전에 들어가는 사람들에게 구걸하기 위하여 날마다 미문이라는 성전 문에 두는 자라 3 그가
베드로와 요한이 성전에 들어가려 함을 보고 구걸하거늘 4 베드로가 요한과 더불어 주목하여 이르되
우리를 보라 하니 5 그가 그들에게서 무엇을 얻을까 하여 바라보거늘 6 베드로가 이르되 은과 금은 내
게 없거니와 내게 있는 이것을 네게 주노니 나사렛 예수 그리스도의 이름으로 일어나 걸으라 하고 7
오른손을 잡아 일으키니 발과 발목이 곧 힘을 얻고 8 뛰어 서서 걸으며 그들과 함께 성전으로 들어가
면서 걷기도 하고 뛰기도 하며 하나님을 찬송하니 9 모든 백성이 그 걷는 것과 하나님을 찬송함을 보
고 10 그가 본래 성전 미문에 앉아 구걸하던 사람인 줄 알고 그에게 일어난 일로 인하여 심히 놀랍게
여기며 놀라니라

1. 성경에 기록된 제 구시는 요즈음의 오후 3시입니다. 많은 사람들이 통행하는 이 시간에 나면서 못 걷게 된 이가 요한과 베드로에게 구걸한 것은 일상적인 구걸행위였습니다. 그렇다면 나면서 못 걷게 된 이를 외면하지 않고 주목하여 본 요한과 베드로는 어떤 마음으로 그를 보았으리라고 생각하십니까?

2. 사람들은 나면서 못 걷게 된 이를 성전 문 앞에 데려다 주고 구걸할 수 있게 해 주었습니다. 그렇게 해준 사람들의 마음은 어떤 마음으로 그렇게했으리라고 생각하십니까?

■ 그들이 직접 그의 필요한 것을 채워 주고 싶었지만 가난해서 도울 수가 없었다. 그래서 그들은 그들이 할 수 있는 일이라도 하자는 마음이었을 것이다.

■ 그들은 하나님께서 계시는 성전에서 구걸하면 하나님과 사람의 도움을 모두 기대할 수 있으니 일석이조라고 생각했을 것이다.

■ 예수님의 제자들이 기사와 표적을 많이 행한다는 소식을 듣고 혹시 이 사람도 예수님의 제자들에게 기적적인 치료를 받지 않을까 기대 했을 것이다.

■ 기타

3. 베드로가 그에게 "은과 금은 내게 없으나 예수님의 이름으로 걸으라"고 했을 때 어떤 동기에서 그렇게 했으리라고 생각하십니까?

4. 구걸했던 사람이 베드로의 이야기를 듣고 힘을 얻어 걷기도 하고 뛰기도 하며 하나님을 찬양했을 때 그의 느낌은 어떠했을까요?

■ 세상에 다시 태어난 느낌이었을 것이다.

■ 하나님이 살아 계시다는 것을 실제로 체험했기 때문에 하나님을 온몸으로 찬

양하지 않을 수 없었을 것이다.

- 걸어보고 뛰어보며 자신의 발이 온전케 된 것을 확인하고, 그런 후에 이 발로 나도 예수님을 증거하며 어려운 사람을 도울 수 있으리라는 생각에 가슴이 벅차 올랐을 것이다.
- 베드로가 말한 "나사렛 예수"에 대하여 경외하는 마음이 생겼을 것이다.
- 기타

5. 자신의 은사를 생각해 볼 때 만약 성전 문에 앉아 있는 그를 본다면 그를 가장 잘 도울 수 있는 일은 무엇이라고 생각하십니까?
   - 그의 아픔을 나누는 것이다.
   - 돈을 주는 것이다.
   - 상처받은 그 사람과 함께 기도하는 것이다.
   - 도전을 주고, 용기를 주는 것이다.
   - 단지 그냥 보고만 있는 것이다.
   - 기타 ______________________________

6. '마음열기' 에서 했던 "영적은사분별표"를 통해서 발견한 자신의 은사가 무엇인지 한사람씩 돌아가면서 나누어 주십시오.

7. '만일 당신이 회복과 치유가 필요한 사람들을 위한 소그룹을 시작한다면 지금 어떤 사람을 초대하고 싶습니까? (구체적으로 이름을 쓰셔도 좋습니다.)

8. 당신이 이런 그룹을 시작하는 데 있어서 어렵게 생각되는 것이 무엇인지 서로 나누어 주십시오.

9. 아래의 문장으로 당신의 제안을 써 주십시오. 당신이라면 누구에게 어떤 역할을 맡기시겠습니까?

"우리가 소그룹에서 함께 공부하며 교제하는 시간동안 나는 당신이 ________ 면에 강한 사람이라고 생각했습니다. 나는 소그룹을 탄생시키는 일에 있어서 당신은 ________ 일로 사람들을 잘 도울 수 있으리라 믿습니다. 그리고 우리 교회를 위해서는 ________ 사역으로 잘 섬길 수 있으리라고 생각합니다. 더 나아가 하나님 나라를 위해서는 ______________ 사역으로 하나님의 영광을 나타낼 수 있으리라고 믿습니다.

보 살 핌

[!] **진행안내** 이번 과에서 자신의 은사를 알게 된 당신의 지금의 심정과 베드로와 요한이 나면서 못 걷게 된 이를 일으키는 사건을 통해 결심하게 된 것이 있다면 모두 말씀해 주십시오.

1. 내가 발견한 은사인 ______에 대하여 나는 구체적으로 ______ 면에서 볼 때 그 은사를 인정할 수 있습니다.

2. 내가 이번 과를 통해 새롭게 결심하게 된 것은 하나님 나라를 위해서는 ________, 우리 교회를 위해서는 ________, 새롭게 탄생할 소그룹을 위해서는 ________ 입니다.

인도자는 각 멤버가 옆 사람을 위해 기도하도록 말씀해 주시기 바랍니다. 각 멤버가 옆 사람에게 발견된 은사를 통해 새롭게 탄생될 소그룹을 잘 섬기도록, 그리고 이번 과를 공부하면서 하게 된 결심을 실천할 수 있는 힘을 주시도록 기도한 후 모임을 마치시기 바랍니다.

거너(Gunnar)에게

지금 자네는 그다지 친밀감을 느끼지 못하는 친구들 틈에 끼게 되었다고 생각하고 있군. 그 사람들과 공통점을 한 가지도 찾을 수 없다고 했지. 하지만 그것이야말로 중요한 점이 아닐까? 자네는 그들과 아무 공통점도 없지만, 하나님은 있다네. 그것이 바로 하나님이 그의 나라를 만들어 나가는 방법이지. 그분은 서로 다른 조건의 다양한 사람들을 끌어 모아, 인내와 긍휼과 은혜로 그들에게서 훌륭한 것을 만들어 내신다네. 그분은 서로 취미가 같고 잘 어울릴 만한 사람들을 미리 뽑아 두시는 일 같은 건 절대 하시지 않으시지. 자네가 그들과 공통점이 거의 없는 것은 당연한 일이야. 교회는 하나님의 것이지 자네의 것이 아니라네.

전에 자네가 그리스도인으로 돌아오게 된 동기를 말해 주었지. 지금까지 자네는 스스로 신이 되려고 했고 자네 표현대로 그 일에 "전력을 다했지만", 결국 완전히 엉망을 만들어 버렸다고 말일세. 그 때 자네의 주요 전략 중 하나가 바로 공통점이 있는 사람하고간 의도적으로 친분을 맺는 것 아니었나?

자네는 그것이 정직의 문제라고 했지. 하지만 그 결과를 보게. 첫 번째 아내의 경우이는 자네 쪽에서 먼저 그녀와 공통점이 없어졌다는 이유로 헤어졌고, 두 번째 아내의 경우에는 그 쪽에서 먼저 자네와 공통점이 없어졌다는 이유로 헤어지지 않았나? 그리고 '이제는 맞지 않는다'는 이유로 그만둔 직장은 또 얼마나 많은가? 물론 자네는 과학자로서 비상한 능력을 지녔기 때문에 전보다 더 나은 직장을 구하는 데 어려움이 없었지. 하지만 감정적인 면에서나 지적인 면에서나 직장 문제에서, 자네가 원하는 대로 동료의식을 고집한 결과가 어떤가? 지금 자네에겐 가족도 친구도 없지 않은가?

그런데 하나님이 일하시는 방법을 지레짐작하면서 또다시 같은 실수를 하려고 하다니, 지난 수년 동안 자네는 하나님과 많은 논쟁을 했고 거의 매번 졌다고 했지. 이번 일도 포기하고 그냥 하나님이 하시는 대로 맡기는 것이 어떻겠나? 교회는 공통의 관심을 가진 사람들로 이루어진 자연적 공동체가 아니라 초자연적 공동체 라네. 여기서 초(super)라는 낱말은 자네의 기대를 넘어선다는 뜻이 아니라 자네의 기대와 다르다는 뜻일세. 아직 자네에게는 그 다른 점들이 보이지 않을 테지만 말이야.

내 말이 신랄하게 들렸다면 미안하네. 하지만 난 자네가 교회 문제에서부터 잘못 출발하기를 바라지 않아. 내 말을 믿게. 자네가 교인 중 누군가와 공통점을 찾게 되는 것보다 훨씬 더 큰 일이 진행되고 있다네.

주일에 80명 남짓 모이는 그 교회로 돌아가게. 돌아가서 성경 봉독과 설교 말씀을 믿음으로 듣고, 기도하며, 성례를 통해 예수를 영접하고, 이웃을 축복하게. 그리고 하나님의 나라를 기다리게. 그것이 바로 서투른 사람들 가운데서 거룩한 삶을 만들어 내시는 성령님의 방식이라네.

주님의 평화를 빌며, 유진 피터슨,

유진 피터슨의 『친구에게』(홍성사) 중에서

제3과

필 요 발 견

성경은 모든 인간관계의 문제들을 해결할 수 있는
중요한 원리를 가르쳐 주고 있다.

3

필요발견

마음열기

진행안내 이 과의 목적은 앞으로 탄생할 새 그룹과 재구성될 그룹 구성원들의 필요를 발견해 내는 것입니다. 아래의 질문에 따라 목록을 작성하게 한 후 구성원들이 그 목록에 대하여 나누게 하십시오. 그리고 자료를 수집한 후 그것들의 순위를 매겨 보십시오. 이렇게 하면 당신이 새로운 그룹을 탄생시키거나 현재의 그룹을 재구성할 때 반영해야 할 필요가 무엇인지 감을 잡게 될 것 입니다.

1. 자신의 삶 속에서 느끼고 있는 필요나 교회 구성원들이 느끼고 있는 필요들 중에 중요하다고 생각하는 3가지를 작성하십시오.

· ______________________________

· ______________________________

· ______________________________

말씀나눔

진행안내 지난 과에서 우리는 서로의 은사가 무엇인지 알게 되었습니다. 이번 과에서는 한 걸음 더 나아가서 우리 교회의 특별한 필요가 무엇인지 생각해 보고 소그룹에서 그 필요들을 어떻게 채워줄 수 있을 지에 대하여 나누게 될 것입니다. 본문연구는 초대교회의 성도들이 어떻게 서로를 돌보았는지를 보여주는 내용입니다. 1세기 교회, 그리고 오늘날까지도 제1차적인 필요는 '먹는' 문제였습니다. 그래서 초대교회는 먹을 것으로 서로를 많이 돌보았습니다. 가만히 보면 오늘날 우리 사회가 요청하는 것은 너무나 많습니다. 교회가 과연 이 필요 요청에 대해 어떻게 응답해야 할지 진지하게 나누어 보십시오. 교회는 모든 종류의 필요에 부응하도록 요청을 받고 있습니다.

믿는 자들의 나눔

(행 4:32-37)

32믿는 무리가 한 마음과 한 뜻이 되어 모든 물건을 서로 통용하고 자기 재물을 조금이라도 자기 것이
라 하는 이가 하나도 없더라 33 사도들이 큰 권능으로 주 예수의 부활을 증언하니 무리가 큰 은혜를 받
아 34 그 중에 가난한 사람이 없으니 이는 밭과 집 있는 자는 팔아 그 판 것의 값을 가져다가 35 사도들
의 발 앞에 두매 그들이 각 사람의 필요를 따라 나누어 줌이라 36 구브로에서 난 레위족 사람이 있으
니 이름은 요셉이라 사도들이 일컬어 바나바라(번역하면 위로의 아들이라) 하니 37 그가 밭이 있으매 팔
아 그 값을 가지고 사도들의 발 앞에 두니라

1. 성경은 큰 은혜를 입은 무리들이 가진 물건을 서로 나누어 부족한 사람이 없게 되었다고 기록하고 있습니다. 그런데 무리가 큰 은혜를 얻은 중요한 이유는 사도들이 큰 권능으로 예수님의 부활을 증거 하였기 때문입니다. 예수님의 부활에 대한 당신의 생각을 나누어 보십시오.

2. "우리가 큰 은혜를 받았다"고 기록되었는데 여기서 "은혜"란 무엇을 가리키는지 깊이 생각하고 서로 나누어 보십시오.

3. 예루살렘교회가 큰 은혜를 받고 32절과 34, 35절과 같이 서로 물건을 통용했습니다. 여기에서 32절의 "모든 물건"이라는 것은 성도들이 '내어 놓은' 모든 물건들을 총칭하며 중요한 것은 성도들이 그것을 필요로 하는 이들에게 풍성한 나눔을 실천했다는데 있습니다. 지금 우리 공동체를 볼 때 당장 나누어야 할 것이 있다면 무엇이라고 생각하십니까?

4. 우리 교회 주변에 사는 교회에 다니지 않는 사람들은 그들이 부족함을 느낄 때(영적, 육적, 관계적인 것 등에서) 주로 어디로 가서 충족을 얻는다고 보십니까?

- 전문기관이나 NGO
- 정부기관
- 이웃
- 가능한 어디에도 가지 않는다
- 교회 안 다니는 친구가 없어서 잘 모르겠다.
- 타 종교 기관
- 기타 ______________________________

5. 교회가 주변 이웃들의 필요를 채워주어야 하는 이유가 있다면 므엇인지 자신의 생각을 서로 나누어 주십시오.

6. 소그룹에 아직 참여하지 않는 성도들을 대상으로 그들이 교회를 향해 가지고 있는 필요를 조사한 후 당신이 발견한 것을 다른 사람들과 나누어 보십시오.(아래의 "필요조사서" 사용)

주목해 주세요

■ 소그룹에 참여하지 않고 있는 교인들이 많은 교회에서는 이 교재를 시작하기 1–2주 전에 전체 성도들을 대상으로 아래의 "필요조사서"로 설문조사를 실시하여 그 통계자료를 근거로 교과과정을 짜고 거기에 맞는 구성원들을 모집할 수도 있을 것입니다. 교회차원이 아닌 그룹차원에서 실시할 수도 있습니다.

■ 집집마다 방문하거나 전화로 혹은 편지로 마케팅을 해 보신 분이라면 그 경험이 새로운 소그룹을 위해 "사람들의 필요를 발견하는 것"에 대한 개념을 설명하기가 더욱 용이할 것입니다. 그러나 그러한 경험이 없더라도 마케팅 책자나 다른 사람들의 경험담을 통해 간접적으로 그 개념을 습득할 수도 있을 것입니다.

필요조사서

우리교회는 당신을 돕고 싶습니다. 당신을 돕기 위해서 우리는 당신에게 어떤 필요가 있는지를 먼저 알아야 합니다. 따라서 잠깐 시간을 마련하여 당신에게 어떤 필요가 있는지 우리가 알 수 있도록 해주시기 바랍니다. 우리는 당신이 작성해 주신 이 설문지를 분석한 후 당신이 당신의 필요를 공급받기 위해 무엇을 해야 할지를 알려 드리도록 하겠습니다.

예비조사

다음 항목 중에서 나와 나의 가족을 가장 잘 설명해 주고 있는 것을 선택 하십시오. (선택사항이 2개 이상 되어도 관계없습니다).

☐ 나는 기독교에 관심이 많습니다.

☐ 나는 나의 믿음을 새로이 할 수 있는 기회가 필요합니다.

☐ 나는 교회에 더 깊이 소속되기 전에 교회의 성도들과 모임을 해 보고 싶습니다.

☐ 나는 교회 안에서 다른 여성과 모임을 갖고 싶습니다.

☐ 나는 교회 안에서 다른 남성과 모임을 갖고 싶습니다.

☐ 나는 교회 안에서 다른 부부와 모임을 갖고 싶습니다.

☐ 나는교회 안에서 아직 결혼하지 않은 분들과모임을 갖고 싶습니다.

☐ 나는 교회에 관심이 많습니다. 그래서 교회에 등록하기 전에 교회에 관해 더 알고 싶습니다.

☐ 10대(혹은 미취학)인 우리 아이들은 교회 내에서 친구가 필요합니다.

☐ 기타

집중조사

나는 나의 삶에서 다음과 같은 것에 초점을 맞추기 원합니다.

☐ 육아 : 때때로 그것은 산책하는 것처럼 아름답게 느껴지지 않습니다.

☐ 스트레스 : 나는 감정적으로 메마를 때 바른 해결책을 찾고 싶습니다.

☐ 온전함 : 나는 균형감각이 있는 온전한 사람이 되고 싶습니다.

☐ 믿음 : 나는 믿음의 기초를 배우고 싶습니다.

☐ 남자들의 문제 : 날씨나 축구(야구)경기에 관한 이야기 그 이상을 하고 싶습니다.

☐ 가치관 : 무엇이 옳고 그른지를 알고 싶습니다.

□ 나는 누구인가? : 나의 잠재된 능력을 발견하고 싶습니다.

□ 예수님은 누구신가? : 예수님께서 진정으로 기뻐하시는 일이 무엇인지 알고 싶습니다.

□ 결혼대상 : 배우자를 만나고 싶습니다.

□ 약혼 : 우리가 서로 잘 맞는지 알고 싶습니다.

□ 신혼부부 : 신혼 첫해를 훌륭하게 맞고 싶습니다.

□ 기타

도움발견

때때로 삶이 참 어렵습니다. 나는 다음과 같은 영역에서 도움을 받고 싶습니다.

□ 습관적인 생활스타일 : 무료함 깨기

□ 권위 : 나의 권위자 앞에서의 담대함

□ 슬픔과 괴로움 : 고통 가운데에서 희망

□ 고갈된 봉사활동 : 탈진된 봉사활동

□ 양육 : 성숙을 향한 갈망

□ 실업 : 벗어나고 싶지만 출구가 없음

□ 이혼 : 이혼 이후의 삶

□ 취학 전의 부모 : 유아 인성 및 예절 교육

□ 자녀교육 : 청소년 자녀 양육과 진로

□ 사람과의 관계 : 얽히고설킨 관계로부터 자유로움

□ 결혼 : 배우자 만나기

□ 재혼 : 새로운 배우자와의 만남

□ 불임 : 새 생명의 기쁨

□ 중년 : 새로움의 위기

□ 노년 : 인생의 절정에 이르기

□ 편부모 : 독립

□ 기타

보 살 핌

진행안내 **소리내어 기도합시다.** 다같이 원으로 앉게하고, 서로 손을 잡게 하십시오. 인도자가 먼저 '하나님 감사합니다....' 라는 말로 기도를 시작하고 감사한 이유를 한 단어나 한 구절로 덧붙여서 기도합니다. 그리고 차례로 모든 구성원이 기도한 후에 마지막에 인도자가 기도를 마칩니다. 이 기도는 융통성을 가지고 다른 문장으로도 시작할 수 있습니다.

- "하나님, 감사합니다. ____________________"

  (예: 하나님 감사합니다. 좋은 사람들을 만나게 하신 것)

- "하나님, 우리는 하나님의 도움이 필요합니다. ____________________"

  (예: 하나님, 우리는 하나님의 도움이 필요합니다. 새로운 소그룹 탄생을 위해)

- "하나님, 우리가 무엇을 해야 할 지 보여주시기를 원합니다.

  ____________________"

  (예: 하나님 우리가 무엇을 해야 할지 보여 주시기를 원합니다. 교회를 봉사하는 영역에서)

- "하나님, 여기 하나님의 도움이 필요한 이가 있습니다.

  ____________________"

  (예: 하나님, 여기 하나님의 도움이 필요한 이가 있습니다. 새로운 직업이 필요한 ○○○ 에게)

제4과

새로운 영혼을 향한 접근

사랑은 지구의 반대편까지도 이어지는 마음껏 늘어나는 띠다.
시공을 초월하는 그분의 사랑으로 전 지구를 둘러싸는 건 어떤가?

4

새로운 영혼을 향한 접근

마음열기

! **진행안내** (인도자가 조원들에게)

구성원들 중 한사람을 지목하십시오. 그리고 다른 한 사람이 다음에 기록된 예수님의 여러 특징들 중에 한 가지를 선택하여 이 사람은 예수님의 어떤 점을 닮은 사람이라고 생각하는지 말해주십시오. 그 동안 지목 받은 사람은 아무 말 하지 않고 자리에 앉아 듣기만 하십시오. 이렇게 하여 그룹의 모든 사람이 자신이 예수님의 어떤 점을 닮았는가를 다른 사람으로부터 들을 수 있게 해 주십시오.

· 형제(자매)는 예수님처럼 사람의 마음을 만지고, 그들의 상처를 감싸며 그들이 온전한 사람이 될 수 있도록 도울 수 있을 것 같습니다.

· 형제(자매)는 예수님처럼 다른 사람을 위해 못할 일이 전혀 없어 보입니다.

· 형제(자매)는 예수님처럼 영감 있고 소망 가득한 믿음을 전해 줄 방법을 알고 있습니다.

· 형제(자매)는 예수님께서 제자들을 위한 계획을 갖고 계신 것 같이 하나님을 위한 큰일을 성취할 수 있는 방법을 체계화할 수 있습니다.

· 형제(자매)는 비전이 있는 사람이기 때문에 사람들은 당신이 어디로 가든지 기꺼이 따라갈 것입니다.

· 형제(자매)는 하나님 나라를 위하여 노력할 때 자연의 법칙이 문제가 되지 않는 것 같습니다.

· 형제(자매)는 예수님 같이 하나님을 영화롭게 하기 위하여 모든 것을 기꺼이 희생하시는 분입니다.

· 형제(자매)는 예상치 못한 일을 잘하십니다. 그래서 당신을 보면 독특하고 놀라운 방법으로 하나님을 보여 주신 예수님이 생각납니다.

· 형제(자매)는 예수님처럼 사람들에게 소망과 믿음을 주기 위하여 하나님 말씀을 잘 가르쳐 줄 수 있는 능력을 가지고 있습니다.

· 형제(자매)는 설사 그것이 모든 사람이 좋아하는 말이 아닌 어려운 말일지라도 해야 할 말은 할 수 있는 용기를 가지고 계십니다.

· 형제(자매)는 ______________________________

____

말씀나눔

진행안내 (인도자가 조원들에게)

당신은 학교를 졸업하던 순간들을 기억하십니까? 아마도 졸업식 때마다 많은 성취감을 느꼈을 것입니다. 그러나 동시에 미래에 대한 많은 두려움도 느꼈을 것입니다. 새로운 일을 만나면 사람들은 언제나 그런 이중적인 느낌을 갖게 됩니다.

앞으로 두 주 후면 당신은 새로운 그룹을 시작하도록, 또는 새로운 사역을 하기 위해 출발해야 할 것입니다. 이번 과의 본문연구에서 당신은 두 사람을 만나게 됩니다. 한 사람은 당신이 잘 알고 있는 초대교회의 위대한 사도 바울입니다. 그리고 또 한 사람은 하나님께서 권능으로 사용하셨지만 사도바울에 비해 잘 알려지지 않은 아나니아입니다.

사울의 회심

(행 9:1–6, 10–19)

개역성경

(1~6절)

1 사울이 주의 제자들에 대하여 여전히 위협과 살기가 등등하여 대제사장에게 가서 2 다메섹 여러 회당
에 가져갈 공문을 청하니 이는 만일 그 도를 따르는 사람을 만나면 남녀를 막론하고 결박하여 예루살
렘으로 잡아오려 함이라 3 사울이 길을 가다가 다메섹에 가까이 이르더니 홀연히 하늘로부터 빛이 그
를 둘러 비추는지라 4 땅에 엎드러져 들으매 소리가 있어 이르시되 사울아 사울아 네가 어찌하여 나를
박해하느냐 하시거늘 5 대답하되 주여 누구시니이까 이르시되 나는 네가 박해하는 예수라 6 너는 일어
나 시내로 들어가라 네가 행할 것을 네게 이를 자가 있느니라 하시니

(10~19절)
10 그 때에 다메섹에 아나니아라 하는 제자가 있더니 주께서 환상 중에 불러 이르시되 아나니아야 하
시거늘 대답하되 주여 내가 여기 있나이다 하니 11 주께서 이르시되 일어나 직가라 하는 거리로 가서
유다의 집에서 다소 사람 사울이라 하는 사람을 찾으라 그가 기도하는 중이니라 12 그가 아나니아라
하는 사람이 들어와서 자기에게 안수하여 다시 보게 하는 것을 보았느니라 하시거늘 13 아나니아가 대
답하되 주여 이 사람에 대하여 내가 여러 사람에게 듣사온즉 그가 예루살렘에서 주의 성도에게 적지
않은 해를 끼쳤다 하더니 14 여기서도 주의 이름을 부르는 모든 사람을 결박할 권한을 대제사장들에게
서 받았나이다 하거늘 15 주께서 이르시되 가라 이 사람은 내 이름을 이방인과 임금들과 이스라엘 자
손들에게 전하기 위하여 택한 나의 그릇이라 16 그가 내 이름을 위하여 얼마나 고난을 받아야 할 것을
내가 그에게 보이리라 하시니 17 아나니아가 떠나 그 집에 들어가서 그에게 안수하여 이르되 형제 사
울아 주 곧 네가 오는 길에서 나타나셨던 예수께서 나를 보내어 너로 다시 보게 하시고 성령으로 충
만하게 하신다 하니 18 즉시 사울의 눈에서 비늘 같은 것이 벗어져 다시 보게 된지라 일어나 세례를
받고 19 음식을 먹으매 강건하여지니라 사울이 다메섹에 있는 제자들과 함께 며칠 있을새

1. 사울의 회심을 당신의 회심과 비교해 보고 아래에서 자신과 비슷한 항목에 표시해 보십시오. 그리고 한 사람씩 표시한 이유를 설명해 보시기 바랍니다.

- 나의 회심은 극적인 회심이 아니라 점진적으로 이루어진 회심이다.
- 나에게는 눈이 멀게 되는 것과 같은 그런 일은 없었다.
- 나의 체험은 아주 다르긴 하지만 바울처럼 실제 체험이 있었다.
- 나는 지금도 나에게 일어난 일을 이해해 보려고 노력하고 있다.
- 나는 하나님께로 돌아가려고 하고 있으나 아직 많은 의문점을 갖고 있다.

■ 나는 아직 회심하지 못했다. 회심이란 단어도 이해할 수 없다.
그렇지만 하나님에 대하여 알고 싶다.

■ 기 타 ______________________________

2. 당신이 아나니아라면 믿는 자들을 잡아 죽이려 했던 악한 사울에게 안수하라는 하나님의 명령에 어떻게 반응했을 것 같습니까?

3. '아나니아는 하나님께 이의를 제기했지만 하나님께서 그를 "택한 자" 라고 하시는 말씀과 "가라"는 명령만을 재차 받았습니다. 아나니아는 의문에 대한 분명한 답변을 듣지 못하고도 하나님께 결국 순종 합니다. 신앙생활 속에서 아나니아와 같이 결국 하나님의 뜻에 순종한 경험이 있다면 서로 나누어 보십시오

4. 13절과 14절에서 아나니아는 "왜 그렇게 악한 일을 행한 사람을 세우려 하십니까?" 라고 항의하는 듯이 말하는 것을 볼 수 있습니다. 우리도 아나니아와 똑같은 상황에 처할 수 있을 것입니다. 내가 보기에 전혀 리더로 세워질 수 없는 사람이 리더의 자리에 서게 될 때, 심지어 내가 그를 도와줘야 하는 입장에 서게 될 때 하나님을 향한 당신의 반응은 어떠할 것이라고 생각하십니까?

5. 아나니아처럼 창피함이나 위험을 무릅쓰고 그리스도의 일로 당신을 도와준 사람이 있습니까? 어떤 환경에서 그를 만나게 되었습니까? 아주 작아 보이는 일이라도 자신의 경험을 말씀해 주십시오.

6. 만약 어떤 사람이 사울처럼 극적으로 회심하고 우리 소그룹에 들어온다면 그 사람을 소그룹리더로 세우는데 어떤 과정이 필요하다고 생각하십니까? 당신의 생각을 나누어 주십시오

- 아마도 몇 주 후에는 맡겨도 괜찮을 것이라고 생각한다.
- 어떤 성격의 그룹이냐에 따라 달라질 수 있다고 본다.
- 바나바와 같은 훌륭한 보조리더가 있다면 문제가 없을 것 같다.
- 절대로 안 된다.
- 기타

7. 아나니아의 추천으로 바울은 초대교회 내에 중요한 리더로 세워지는 계기를 마련하게 됩니다. 당신의 소그룹원 중에서 새로운 소그룹 리더로 추천하고 싶은 사람은 누구입니까?

보 살 핌

진행안내 (인도자가 조원들에게)

지난 과에서 우리는 우리 교회 교인들의 필요를 조사했습니다. 이 시간에는 한 단계 더 나아가서 소그룹에 가입할 예비 조원의 목록을 작성하려 합니다. 다음은 그것을 위하여 고려해야 할 사람들입니다. 아래의 항목을 읽으면서 즉시 떠오르는 사람의 이름을 적으십시오.

1. 아직 소그룹에 참여하지 않은 교회 내외의 아는 사람들 가운데 교회의 소그룹에 가입하고 싶어 하는 특별한 친구를 알고 있습니까?

2. 등산을 좋아하는 사람들의 모임과 같이 공통된 관심이나 취미는 그 사람을 개인적으로 그룹에 가입하도록 초대하는 끈이 될 수 있습니다. 혹시 그런 분이 있다면 누구인지 나누어 보십시오.

3. 당신이 느끼고 있는 필요나 처한 상황이 비슷한 사람은 누구입니까? 당신과 그 사람이 비슷한 어려움을 겪고 있다면 그 사람은 그 문제에 대한 도움을 필요로 하고 있을 것입니다.

4. 자기의 가족과 멀리 떨어져 있어서 가족의 필요를 느끼고 있는 사람은 누구입니까? 그들은 활동적이 아닐 수도 있습니다. 그러나 당신은 그들을 기꺼이 넓은 의미의 가족으로 삼을 수 있을 것입니다.

5. 당신에게 자랑하고 싶은 정말 좋은 일이나 갑작스런 어려움이 닥칠 때 바로 연락할 수 있는 사람이 있다면 누구입니까? 그들 가운데 아직 예수님을 모르는 사람을 나누어 보십시오.

위에 기록한 내용들을 읽으면서 당신의 마음에 즉각적으로 떠오르는 사람 5-6명 정도를 아래의 양식에 써넣으십시오. 이 목록을 당신의 책상이나 거울, 그리고 냉장고와 같이 언제나 볼 수 있는 곳에 붙여두고 이 사람들을 당신의 그룹에 초대할 때까지 매일 매일 기도하십시오.

예 비 조 원			

이제 당신의 그룹과 함께 당신이 지금까지 작성한 것에 대하여 나누고 기도함으로 이 목록을 하나님께 맡겨 드리십시오. 예수님을 믿지 않는 사람들을 위하여 기도하고, 또 예비조원들의 이름을 불러가며 기도한 후 모임을 마치십시오. 하나님께서 새롭게 구성되는 당신의 첫모임에 나올 그 사람들의 마음을 열어주시도록 기도 하십시오

제5과

새로운 소그룹의 시작

다윗이 사울을 죽일 수 있었음에도 불구하고 용서했을 때

무엇인가 하나님의 역사하심이 있지 않았을까

5

새로운 소그룹의 시작

마음열기

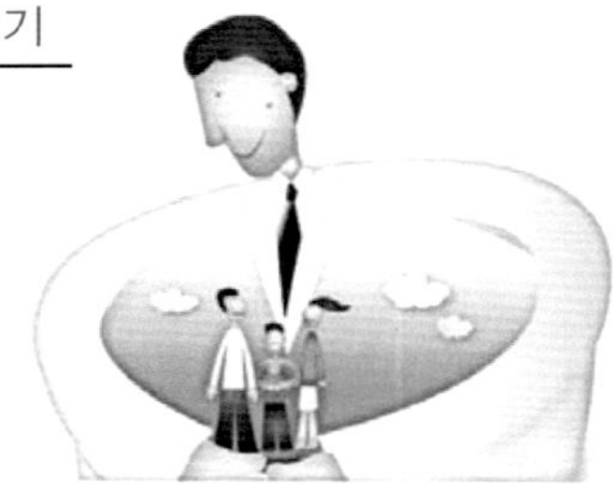

진행안내 아래 상황을 읽은 다음 당신이 그 이야기를 어떻게 완성할 것인지 상상해 보십시오. 그 상황 속에서 당신이 어떻게 할 것인가를 간단히 메모해 보십시오. 구성원들 가운데 한 두 사람으로 하여금 당신이 그 이야기를 어떻게 완성할지 추측해 보도록 합니다. 그런 다음 당신이 어떻게 할 것인지 설명하십시오.

중대 결정

당신은 당신이 소속된 회사와 비슷한 규모의 경쟁 회사 사이에서 거래를 진행하는 담당자입니다. 그들은 합병을 제안했고 두 회사에게 모두 유익해 보이는 거래를 제안했습니다. 당신 회사의 최고경영자인 당신의 상사는 내내 당신 뒤에 물러나 있었고, 이 거래에서 당신이 수행한 작업에 대하여 매우 자랑스럽게 생각했습니다. 그 후 당신은 자산과 자본, 채무의 내용이 뒤죽박죽인 그 회사의 회계장부를 보면서 침착

하게 기획안을 작성하고 있었습니다. 그러다가 갑자기 당신은 그들의 제안서에 모순이 있음을 발견했습니다. 당신이 세세한 부분까지 열심히 검토한 결과 그들의 주식 가격이 지나치게 과대평가되어 있음을 발견한 것입니다. 당신은 페이지를 넘기면서 남은 잔고마저도 근로자들의 퇴직금으로 이미 용도가 지정되어 있음을 알게 되었습니다. 이 엄청난 사실을 알아냈을 때는 이미 손을 쓸 수 있는 범위를 넘어 버렸습니다. 이 때 한 목소리가 당신의 혼란스러운 생각을 멈추게 합니다. "다 잘 되어가고 있지?" 사장이 웃으면서 당신에게 다가오며 말했습니다...

자 그 다음에는 어떻게?

마음열기

! **진행안내** 아래 상황을 읽은 다음 당신이 그 이야기를 어떻게 완성할 것인지 상상해 보십시오. 그 상황 속에서 당신이 어떻게 할 것인가를 간단히 메모해 보십시오. 구성원들 가운데 한 두 사람으로 하여금 당신이 그 이야기를 어떻게 완성할지 추측해 보도록 합니다. 그런 다음 당신이 어떻게 할 것인지 설명하십시오.

베드로를 청한 고넬료

(행 10:1-23)

개역성경

1 가이사랴에 고넬료라 하는 사람이 있으니 이달리야 부대라 하는 군대의 백부장이라 2 그가 경건하여
온 집안과 더불어 하나님을 경외하며 백성을 많이 구제하고 하나님께 항상 기도하더니 3 하루는 제 구
시쯤 되어 환상 중에 밝히 보매 하나님의 사자가 들어와 이르되 고넬료야 하니 4 고넬료가 주목하여

보고 두려워 이르되 주여 무슨 일이니이까 천사가 이르되 네 기도와 구제가 하나님 앞에 상달되어 기
억하신 바가 되었으니 5 네가 지금 사람들을 욥바에 보내어 베드로라 하는 시몬을 청하라 6 그는 무두
장이 시몬의 집에 유숙하니 그 집은 해변에 있다 하더라 7 마침 말하던 천사가 떠나매 고넬료가 집안
하인 둘과 부하 가운데 경건한 사람 하나를 불러 8 이 일을 다 이르고 욥바로 보내니라 9 이튿날 그들
이 길을 가다가 그 성에 가까이 갔을 그 때에 베드로가 기도하려고 지붕에 올라가니 그 시각은 제 육
시더라 10 그가 시장하여 먹고자 하매 사람들이 준비할 때에 황홀한 중에 11 하늘이 열리며 한 그릇이
내려오는 것을 보니 큰 보자기 같고 네 귀를 매어 땅에 드리웠더라 12 그 안에는 땅에 있는 각종 네 발
가진 짐승과 기는 것과 공중에 나는 것들이 있더라 13 또 소리가 있으되 베드로야 일어나 잡아 먹어라
하거늘 14 베드로가 이르되 주여 그럴 수 없나이다 속되고 깨끗하지 아니한 것을 내가 결코 먹지 아니
하였나이다 한대 15 또 두 번째 소리가 있으되 하나님께서 깨끗하게 하신 것을 네가 속되다 하지 말라
하더라 16 이런 일이 세 번 있은 후 그 그릇이 곧 하늘로 올려져 가니라 17 베드로가 본 바 환상이 무슨
뜻인지 속으로 의아해 하더니 마침 고넬료가 보낸 사람들이 시몬의 집을 찾아 문 밖에 서서 18 불러 묻
되 베드로라 하는 시몬이 여기 유숙하느냐 하거늘 19 베드로가 그 환상에 대하여 생각할 때에 성령께서
그에게 말씀하시되 두 사람이 너를 찾으니 20 일어나 내려가 의심하지 말고 함께 가라 내가 그들을 보
내었느니라 하시니 21 베드로가 내려가 그 사람들을 보고 이르되 내가 곧 너희가 찾는 사람인데 너희가
무슨 일로 왔느냐 22 그들이 대답하되 백부장 고넬료는 의인이요 하나님을 경외하는 사람이라 유대 온
족속이 칭찬하더니 그가 거룩한 천사의 지시를 받아 당신을 그 집으로 청하여 말을 들으려 하느니라
한대 23 베드로가 불러 들여 유숙하게 하니라 이튿날 일어나 그들과 함께 갈 새 욥바에서 온 어떤 형제
들도 함께 가니라

1. 오늘 읽은 본문말씀을 전체적으로 볼 때 베드로가 고넬료에게 복음을 전하는데 어려운 과정을 겪은 이유가 있다면 무엇이라고 생각하십니까?

2. 당신도 날마다 성경을 읽고 설교를 듣고 성경공부를 하고 기도를 하는데도 불구하

고 "하나님 이것만은 곤란합니다. 이것을 포기하면 내 삶이 무의미해집니다." 라고 방어 자세를 취하게 되는 영역이 있을 것입니다. 그것이 어떤 영역입니까? 또는 이런 사람만큼은 내가 용납할 수 없다고 생각하는 사람이 있다면 어떤 사람입니까?

3. 만약 당신이 그룹의 리더로 섬기고 있는데 즉각 받아들이기 어려운 사람이 당신의 그룹에 나오게 된다면 어떻게 하시겠습니까?

- 상관하지 않고 우리가 하던 대로 똑같이 할 것이다.
- 우리가 하던 것을 잠시 멈추고 그 사람이 자신의 이야기를 할 수 있게 해 줄 것이다.
- 그 사람으로 인하여 어려움을 겪게 되겠지만 극복해 가게 될 것이라 믿고 받아들일 것이다.
- 나의 신앙인격을 위해 그 사람을 최대한 배려하고 이해하기 위해 노력할 것이다.
- 나의 모난 부분을 깎아낼 수 있는 끌이라고 생각하고 변화와 성숙의 기회로 삼을 것이다.
- 그 사람이 자연스럽게 다른 그룹에 갈 수 있도록 조정할 것이다.
- 기타 ________________________________

4. 만일 성경이나 그리스도에 대하여 잘 모르는 사람이 당신의 그룹에 오게 된다면 당신은 어떻게 성경공부 시간을 진행하시겠습니까?

5. 자신이 극복하기 어려운 사람을 믿음으로 극복한 경험이 있거나 지금 극복하기 어려운 사람 때문에 고민하고 있는 사람이 있다면 자신의 이야기를 나누어주십시오.

보 살 핌

진행안내 인도자는 이 시간을 진행하기 위해서 미리 구성원들에게 서로에게 주고 싶은 선물을 한 가지씩 준비해오도록 말해 주는 것도 좋습니다. 이 의식은 약간의 시간이 소요되는 방법이기는 하지만 당신의 사랑과 서로에 대한 감사를 표현하기 위한 아름다운 방법입니다. 다음의 세 가지 단계를 따라 진행하시기 바랍니다.

■ 모든 사람이 조용히 앉아서 자신에게 다음과 같은 질문을 하도록 하십시오. 이것은 진실한 마음으로 해야 합니다.

만일 내가 이 그룹에 있는 모든 사람에게

- ▶ 나 자신에게 있는 어떤 것을 줄 수 있다면?
- ▶ 바로 지금 그들에 대한 나의 느낌을 표현한다면?
- ▶ 그들의 남은 생애동안 간직할 수 있도록 그들에게 주고 싶은 것은?

■ 2–3분 동안 침묵의 시간을 가지십시오. 당신의 돈주머니나 지갑 등 당신의 호주머니에 있는 것들 또는 준비해 온 것들을 꺼내십시오. 그리고 당신이 사람들에게 주고

싶은 그 물건의 의미를 찾아내십시오. 예를 들면 아래와 같은 것들입니다.

- 헬스클럽 한 달 사용권 : 함께 운동하러 갔던 시간을 기억하거나 미래에 어디로 함께 가고 싶다는 것을 표현하기 위하여
- 가족사진 : 우리가 함께 했던 수련회를 기억하기 위하여
- 콘서트의 입장권 반쪽 : 우리가 그리스도 안에서 함께 나누었던 음악을 기억하기 위하여
- 일회용 밴드 : 당신의 사역에서 일어날 "작은 상처들"을 위하여
- 케익 : 함께 나누었던 음식에서 따뜻함을 느꼈던 것을 기억하기 위하여

※ 각 사람이 서로 다른 한 개의 선물만 준비해 오도록 하십시오.

- 구성원들이 돌아가면서 가져 온 선물에 관하여 설명하고, 지정된 사람(지정하는 방법은 인도자에게 위임)에게 그 선물을 전해 주는 동안 함께 앉아 있도록 요청하십시오. 이 선물을 받는 사람은 "감사합니다."라고 말하고 더 이상 아무 말도 하지 않도록 하십시오.

당신의 그룹에 있는 모든 사람이 자신의 선물을 다 받을 때까지 이 과정을 반복하십시오. 선물을 전할 때 당신은 두 가지를 말할 수 있습니다. (1) 내가 당신에게 가장 감사했던 일과 (2) 우리의 우정의 표시로 그것을 간직해 달라는 부탁입니다.

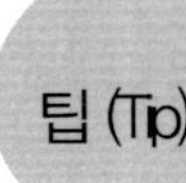

새로운 소그룹이 우리가 함께했던 소그룹을 통해 탄생했다면

인도자는 이미 소그룹의 리더로 섬기고 있는 분들이나 소그룹 관리책임자와 협의하여 미리 새로운 그룹의 새로운 인도자에게 줄 포장된 선물을 준비하십시오. 선물은 이름표나 커피메이커, 컵, 교과과정에 있는 성경공부 교재 등과 같이 새로운 그룹이 좋은 출발을 하기 위해 필요한 물건이어야 합니다. 그것을 풍선과 케이크 등 여러 가지로 아름답게 장식하여 선물 하십시오. 그리고 난 후 새로운 그룹을 위한 헌신과 찬양의 기도로 대단원을 마무리하십시오.

부록 1

인도자를 위한 해설

1과

말씀연구 2번 문제

1) 이 질문의 의도는 '이제 드디어 당신이 군사를 일으켜서 우리나라(이스라엘)를 로마로부터 해방시키기 위한 독립전쟁을 일으킬 때가 바로 지금인가요?' 라는 의미를 담고 있습니다. 제자들은 예수님께서 부활 전과 부활 후에 끊임없이 가르치신 것에 대해 몰이해를 넘어서 완전한 오해를 하고 있습니다. 예수님은 하나님 나라의 백성은 죄를 회개하고 자신을 구주로 믿는 사람들이며 예수님의 가르침에 순종하고 예수님의 삶을 본받는 사람들이라는 것을 계속해서 가르쳐 주셨습니다.

2) 제자들은 예수님께서 미래의 때를 알아내려고 할 때 그 날과 그 때는 아무도 모른다고 막13: 32에서 말씀하여 주셨습니다. 그런데도 하나님 나라가 임하는 때가 언제인지를 알아내는 일에 관심을 기울이고 있었기 때문입니다.

말씀연구 3번 문제

1) 제자들이 때를 알려고 하는 태도가 잘못된 태도라는 점을 가르쳐 주시려고 하였습니다. 그 때에 관한 것은 예수님 자신도 아버지만이 아시는 지식으로 유보하고 알려고 하지 않으신 영역이기 때문입니다. 이것은 부활 전에도 가르치신 적이 있으셨고(막13:32-36) 여기서 다시 한 번 강조하고 계십니다.

2) 예수님은 하나님 나라는 제자들이 생각하는 그런 나라가 아니라는 것과 앞으로 하나님 나라가 어떻게 전개되어 갈 것인가에 대해 설명해 주시고자 하였습니다. 첫째, 권능이란 단어는 정치력, 군사력, 경제력이 아닌 성령의 권능, 사람의 심령을 변화시키는 능력을 뜻하고 있으며 둘째, 나라는 이스라엘과 팔레스타인에 국한된 왕국이 아니라 인종의 장벽, 빈부의 장벽, 문화적 장벽, 학력의 장벽을 넘어서는 온 세상이라는 것을 가르쳐 주고 계십니다. 셋째, 제자들이 할 일은 하나님 나라의 고위직이 아니라 증인이 되는 것임을 가르쳐 주고자 하셨습니다.

2과

말씀연구 1번 문제

예수님은 병자들을 보면 물리치지 않으시고 늘 긍휼한 마음으로 자상하게 고쳐주고 치료해 주셨습니다. 앉은뱅이를 보고 베드로는 그냥 지나칠 수가 없었습니다. 이것은 병자를 보고 긍휼히 여기는 마음이 생긴 것이라고 보여집니다. 오순절 성령을 받고 변화된 베드로가 어느 틈엔가 예수님이 보여주셨던 긍휼히 여기는 마음을 닮아가고 있음을 발견할 수 있습니다.

말씀연구 3번 문제

"은과 금은 내게 없다"는 말은 변화된 베드로의 삶의 철학의 일부를 고백하는 말이라고 할 수 있습니다. 이 말은 "돈을 추구하는 것이 나의 삶의 목표가 아니다"라는 것을 함축하고 있습니다. 이것은 과거에 예수님을 따라다니면서 자기이익을 추구하였던 베드로를 생각해 볼 때 아주 의미심장한 변화입니다.

3과

말씀연구 1번 문제

예수님이 승천하신 후에 산헤드린 공의회(장로와 관원과 서기관들의 모임)는 예수님이 부활했다고 주장하는 제자들에게 그런 말을 하지 말 것을 엄중 경고(4:17)하였습니다. 예수님을 죽인 산헤드린공의회는 얼마든지 예수님의 제자들도 죽일 수 있었습니다. 그렇지만 제자들은 그런 위협을 받으면서도 오히려 더 담대하게 예수님의 부활을 증거했던 것입니다.

요즈음은 부활을 통해서 약속된 내세의 삶은 안중에 없고 이 세상에서 하나님의 축복을 받아 승진하고 병 낫고 물질적으로 풍요해지는 현세적인 복에 관심이 집중되고 있습니다. 죽음 이후의 세상보다는 이 세상이 더 낫다는 생각이 가득한 것 같습니다.

어떤 신학자들은 부활이야기는 인간의 지성이 그다지 발달하지 못했던 고대사회에

서만 통용되었던 신화라고 주장하기도 합니다. 그래서 그들은 부활을 해석하기를 아무런 목적도 없는 생활에서 깨어나 새롭게 결단하고 새로운 각오로 삶에 임하면 그것이 곧 부활을 의미한다고 가르칩니다.

이러한 주장은 성경말씀을 심각하게 왜곡시키고 있으며 그 부활을 목숨 걸고 증거한 믿음의 선진들을 한순간에 어리석은 사람들로 만드는 주장입니다. 그들이 그렇게 주장하는 것은 하나님과 예수그리스도께서 가르쳐 주시는 진리들이 현대에 맞지 않는 구닥다리라고 생각하는 불신앙 때문일 것입니다.

말씀연구 2번 문제

'은혜' 라는 말은 일반적인 사람들 사이에서는 "상대방에게 베푸는 호의"를 뜻하고 교회에서는 "받을 자격이 없는 사람에게 하나님께서 아무런 조건 없이 주시는 선물"이라는 뜻으로 사용되고 있습니다. 그러나 이 본문에서는 그런 뜻보다도 "권능", "힘"을 뜻하고 있습니다. 예루살렘 교회는 제자들이 위기상황에서도 담대하게 복음을 전하는 것을 보고 큰 힘을 얻었던 것입니다.

4과

말씀연구 1번 문제

사람마다 회심하는 모양이 다를 수 있습니다. 우리가 관심을 가져야 할 것은 회심하는 모양이 아니라 회심한 이후의 삶의 변화입니다. 어려서부터 교회에 출입한 사람일수록 회심의 모양이나 삶의 변화를 찾아보기 힘든 경향이 있습니다. 그러나 어려서부터 하나님을 알고 섬기던 바울이 예수님을 믿고 변화되는 모습은 수많은 모태신앙인들에게 큰 도전이 되는 것이 사실입니다.

말씀연구 2번 문제

성경에서 단 한번 등장하는 "아나니아"라는 인물은 경건한 하나님의 사람이라는데 이론의 여지가 있습니다. 아나니아는 하나님께서 자신의 일을 맡기실 만한 신실한 일꾼이었습니다. 우리는 우리의 이성으로 납득된 일들만 하려는 경향이 있습니다. 그러나 하나님은 납득할 수 없어도 하나님이 명령하시는 일이면 기꺼이 순종하는 사람을 귀하여 여기십니다. 하나님의 명령이 무엇인지 분별하기 쉽지 않은 상황들도 많이 있는 것이 사실입니다. 그러나 정결한 마음으로 집중하면 자신에게 주시는 하나님의 말씀을 들을 수 있고 또 순종할 수 있게 될 것입니다.

5과
말씀연구 1번 문제

예수님은 땅 끝까지 복음을 전하라고 말씀하심으로써 이방인도 하나님의 자녀가 될 수 있음을 분명하게 말씀하였지만 유대인들은 할례 받지 못한 이방인들은 절대로 하나님의 자녀가 될 수 없다고 생각하고 있었습니다. 제자들은 성령 안에서 거듭나고 새사람이 되기는 했지만 모두가 정통 히브리파 유대인 출신이었고 모두 오랫동안 유대교의 관습을 따라 살아왔던 사람들이었기 때문에 이방인들을 배격하는 유대교의 율법적인 관습을 하루아침에 청산하기는 힘들었기 때문입니다.

부록 2

TALK전략 : 소그룹 운영전략

소그룹을 건강하게 만들기 위해서는 적어도 몇가지 전략이 필요합니다. 많은 전략들을 고안하고 정리할 수도 있겠지만, 4가지 전략(이하, TALK전략)으로 정리할 수 있습니다. 아마도 교회 내에서 소그룹 관리자들은 목회자가 대부분일 것이라고 미루어 짐작할 수 있겠는데, 소그룹 관리자들이 적어도 이 TALK전략을 기억하며 소그룹을 운용해 나간다면 역동적인 소그룹을 이룰 수 있을 것이라고 봅니다. TALK전략의 네 가지 전략들은 긴밀하게 상호 간에 연결되어 있을 뿐만 아니라, 서로 다른 전략들을 보완해 주는 기능을 가지고 있습니다.

T(Triangle)전략 : 삼각기둥

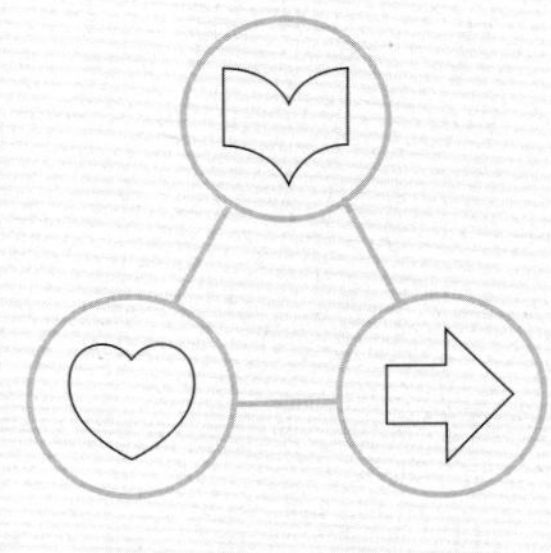

T전략은 모든 전략의 기초가 되는 전략입니다. 건강한 소그룹이 본질적으로 가져야할 3대 요소들을 강조하는 것입니다. 건강한 소그룹은 성경연구와 그룹 세우기, 그리고 모임의 확장을 통한 선교와 전도의 요소를 내부에 필수적으로 가지고 있습니다. '성경연구' 즉 하나님의 말씀에 대한 연구는 건강한 소그룹의 생명에서 가장

중요한 요소입니다. '그룹세우기' 혹은 '보살핌, 교제' 라고 일컬어지는 두번째 요소는 하나의 그룹을 이루어 가는 결속 과정으로 시간 과 노력과 헌신이 요구되는 요소입니다. 세번째 요소인 '확장' 의 요소는 일명 '빈자리' 요소라고 일컬을 수도 있는데, 소그룹 내에서 서로에 대한 사랑과 섬김 가운데 항상 그 모임이 확장되어야 함을 의미합니다.

소그룹 활동이 처음 소개될 때, 사람들은 소그룹 모임은 오로지 성경공부와 기도에만 초점을 맞추어야 한다고 생각하는 경향이 있었습니다. 이것은 소그룹 자체가 가르침과 배움의 과정만 있는 상당히 지루한 모임이라는 인식을 하게끔 만들었습니다. (이에 더하여 서로를 돌아보거나 이 모임이 궁극적으로 지향하고 하나님 나라와 이웃을 향해서 섬겨야할 구체적인 내용이 무엇인지를 많이 상실하게 만들었습니다.) 곧 소그룹 구성원들의 머리는 냉철해지고, 성경지식은 풍성하게 만들었는지 모르지만, 공동체성을 상실하게 만든 것입니다. 또한 교회 안에서 소그룹으로 모인다는 것은 바로 이웃들을 전도하기 위한 효과적인 도구로 활용하기 위함이라는 의식이 팽배했던 시기가 있었습니다. 먼저 복음을 들은 자들이 전도에 힘을 써야 하는 것이 당연한 일이긴 하지만, 모임의 확장만을 배타적으로 강조하게 되면, 그것으로 인해 소그룹의 건강성을 해칠 경우도 사실상 배제할 수 없는 것입니다.

이 외에도 일부 소그룹에서는 다른 요소들은 젖혀 두고, 그룹 자체를 하나의 공동체로써 견고히 세워가는 것에만 포커스를 맞추고, 구성원들 서로간의 협력과 교제에만 몰두하게 되는 경우도 생겨났습니다. 특별히 80년대와 90년대 소그룹 성경공부 모임이 활발했던 시절, 청년부나 대학부 자체 집회 후 이루어지는 그룹성경공부(GBS) 시간은 종종 그들만의 친목과 교제의 시간으로 전락하는 경우가 많이 있었습니다.

특별히 리더 훈련 과정이 박약하고 리더로 세울만한 인적자원이 엷은 교회의 청년대학부일수록 이런 경향은 더 심하게 나타난 것이 사실입니다. 모든 힘을 내부에 탕진해 버리는 경우, 그 이후에 나타날 결과는 강 건너 불 보듯이 뻔한 상황입니다.

이상에서 살펴 보았듯이, 각 교회에서 행해지던 지금까지의 소그룹 운동들은 많은 경우 다른 두 가지 본질적인 요소들은 젖혀두고 오로지 한가지 요소에만 몰두해서 소그룹을 이끌어가려고 했기 때문에 시행착오를 겪고 혼돈에 빠질 수밖에 없었습니다. 그래서 한 가지에만 열정을 소모했던 많은 교회들이 기진맥진하고, 마침내 소그룹 사역을 포기하는 모습을 많이 볼 수 있었던 것입니다.

그러나 소그룹 사역이 도달하고자 하는 목표는 이러한 3가지 본질적인 요소들이 조화를 이루는 것입니다. 실제로 성경연구는 건강한 소그룹의 생명에 있어서 가장 중요한 요소입니다. 그러나 성경연구 한 가지 만으로는 부족합니다. 이것은 다른 두 가지 요소들을 충분히 고려할 때 최고의 효과를 발휘하게 됩니다. 따라서 하나의 그룹은 세 가지 요소들을 모두 활용할 때 가장 뛰어난 사역을 이루게 되는 것입니다. 건강한 소그룹을 운용하기 위해서 소그룹의 필수적인 3요소를 균형있게 표현한 "T의 전략"이 필요한 것입니다.

A(Amplify)전략 : 빈자리

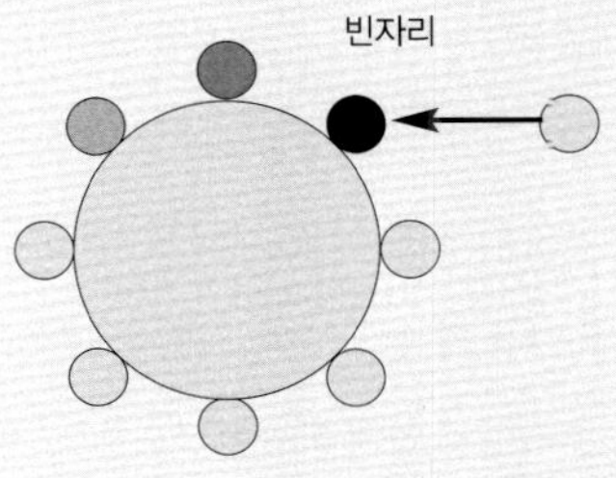

건강한 소그룹을 운용하기 위한 A전략은 아주 간단한 준비를 통해서 실행될 수 있

습니다. 모임 장소에 빈자리 하나를 놓아 두는 것입니다. 이것은 모든 소그룹 구성원들에게 우리가 함께하는 모임이 항상 다른 사람들에게 개방되어 있다는 것을 기억하게 해주는 상징입니다. "자신의 발걸음을 하나님께로 돌이키려는 사람, 상처를 받았거나 소속될 곳이 필요한 사람, 영적 교제에 갈급한 사람, 치유와 회복이 필요한 사람 등" 어떤 사람이든지 그리스도의 복음이 필요한 모든 사람들에게 모임이 열려있고, 받아들일 준비가 되어있다는 것을 상징적으로 보여 주는 것이 빈자리인 것입니다. 따라서 빈자리는 소그룹에서 반드시 시행되어야할 삼대 요소 가운데, 확장(선교와 전도)의 요소를 확인시켜 주는 중요한 도구가 될 수 있습니다.

대체적으로 견고하게 결속된 그룹일수록 타인을 받아들이는데, 상당히 경직된 태도를 보일 수 있는 가능성이 높습니다. 그러나 교회 공동체에서 소그룹 사역을 하는 것은 궁극적으로 새로운 소그룹을 탄생 시키기 위한 생명적 모판으로써, 소그룹 사역을 진행한다는 점을 깊이 인식할 필요가 있습니다. 즉 소그룹이 열린 소그룹이어야 함을 주지시키는 것입니다. 또한 빈자리는 모든 소그룹 구성원들에게 그 자리에 와서 앉아야할 사람이 있음을 상기시켜 주고, 그 사람을 위해 기도할 책임과 그 사람을 인도할 책임이 자신에게 있음을 알려주는 실물 도구가 됩니다.

그러므로 열린 소그룹으로써 항상 빈자리를 기억하면서 함께 기도하고, 구체적으로 움직이는 동기를 끊임없이 부여하는 것이 빈자리인 것입니다. 인생에서와 마찬가지로 소그룹에도 역시 탄생, 성장 그리고 재탄생이라는 자연스러운 생명주기가 있습니다. 소그룹의 구성원들이 함께 모여 견고하게 결속되어 가는 것은 참으로 보기 좋은 모습입니다. 그리고 소그룹이 생명력을 가지고 더욱 성장하고 성숙해지는 모습은 참 아름다운 일입니다. 그러나 소그룹에서도 사랑의 극치는 인생에서와 마찬가지로 그 그룹이 또 다른 새로운 그룹을 탄생시켜 "재탄생"하는 것이라고 할 수 있습니다. 여기에 소그룹의 임무가 있는 것입니다.

따라서 소그룹의 구성원들로 하여금 출발할 때부터 이 사실을 확인시키고, 진행과정에서 언제나 기억하도록 하는 것은 매우 중요한 일입니다. 탄생시기에 자신의 이야기를 다른 사람들과 함께 나누고, 그 나눔에 대해 감사하면서 서르의 이야기에 긍정적인 반응을 보인 사람들은 최종적으로 현재 삶 속에서 개인적으로 필요에 대해서도 이야기하고 바라는 목표가 무엇인지 나눌 수 있기 때문입니다.

이 시기는 마치 이성교제에서 이제 막 데이트를 시작하려는 단계와 비교할 수 있습니다. 상대방과 결혼하기를 원한다면, 서로에 대해 알기 위하여 시간을 투자해야 하는 것입니다. 그리고 결혼에 골인하기 위해서 어느 정도 지켜야할 약속을 서로가 목표설정을 하면서 맺는 과정도 거치게 되는 것입니다. 이런 탄생 시기를 지나면, 성장과 성숙의 시기에 이르게 되는데, 이 시기는 결혼의 초기 단계에 비교될 수 있습니다. 소그룹 구성원들은 관계를 지속하기 위해 언약에 스스로 동의했습니다. 이제는 성장해야할 시간이 된것입니다. 그렇게 함으로써 모든 구성원들은 하나로 결속되었습니다. 이제 모든 구성원들은 한 공동체의 지체로서 성장해야 합니다.

소그룹이 성장하기 위해서는 말씀에 대한 깊이 있는 공부가 필요합니다. 따라서 성경공부를 영양을 고루 갖춘 건강식으로 변화시킬 필요가 있는 것입니다. 그리고 열려있는 소그룹으로써 새로운 사람이 모임 안에 들어왔을 때, 어떤 선택을 해서 그 사람을 효과적으로 안착 시킬 수 있을 것인가에 대한 대안마련도 이 시기에는 필요합니다. 궁극적으로 성숙의 과정을 거쳐야 하는데 그러기 위해서는 보다 깊이 있어지고, 삶의 변화를 이끌어 내는 성경공부와 그에 맞는 교재가 필요한 것입니다. 그리고 이 시기에도 역시 잊지 말아야 할 것은 빈자리를 만들어서 영적인 성장만큼 수적으로도 성장을 계속해야 합니다는 점입니다.

L(Life cycle)전략 : 생명주기

탄생기	성장기	재탄생기
성경공부	성경공부	성경공부
교제	교제	교제
선교	선교	선교

L전략에서는 "최소의 연료를 가지고 최고의 연비를 낼 수 있도록" 어떻게 세 가지 요소들을 적절하게 안배할 것인가를 살펴볼 수 있습니다. 소그룹 인도자들은 지금까지 소그룹을 운용하면서 기본적으로 두 가지 중 한 가지의 방식을 선택하면서 소그룹을 운영해 왔을 것입니다.

첫째, 정적인 운용방식입니다. 이것은 소그룹이 만약 90분 동안의 모임을 가진다면 30분간은 성경연구, 30분간은 공동체 세우기와 교제, 30분간은 모임의 확장을 위한 결단의 시간으로 가지는 것입니다. 세 부분이 삼단 케이크처럼 똑같이 30분씩 삼등분 되도록 진행하는 것이 이 정적인 운용방식의 특징입니다. 그러나 사실상 이것은 과거에 사용하던 구식 시스템입니다. 소그룹의 세 가지 본질적인 요소를 균형있게 유지할 수는 있지만, 융통성이 없어서 소그룹이 성장하는 단계와 생명주기의 다양한 단계가 있으므로, 그에 따라 요구되는 필요들을 적절하게 평가하거나 반영하는 데는 실패하기 쉬운 방식입니다.

둘째, 동적인 운용방식입니다. 이름하여 'L전략'이라고 불리는 동적인 활동은 T전략의 세 가지 본질적인 요소들을 점검하고 그룹의 생명주기 전반에 걸쳐서 그때마다 우선 순위를 확인해 주는 것을 의미합니다. 한 그룹의 단기적인 활동단계에 있어서 T전략의 세 가지 본질적인 요소(성경연구, 그룹세우기, 확장) 가운데 한가지에 나머지 두 가지보다 우선 순위를 두는 것입니다.

이러한 강조는 다른 측면들을 결코 무시하는 것이 아닙니다. 이것은 단지 소그룹이 가지는 생명주기의 특별한 단계에서 필요한 요소에 우선 순위를 부여하는 것일 뿐입니다. 예를 들어 만일 하나의 소그룹이 일년동안 모임을 갖는다면, 여름방학 한 달(7월 혹은 8월)과 겨울방학 두달(12월과 1월)을 제외하고 9개월을 각각 3단계로 나눌 수 있을 것입니다. 소그룹이 처음 출범한 탄생 시기에는 그룹 세우기가 가장 중요한 요소가 되고, 그것이 성경연구와 확장의 요소보다 우선권을 갖는 것입니다. 소그룹이 구성되고 구성원들이 처음으로 얼굴을 대하게 된 시기에는 사실상 성경연구를 깊이 있게 하거나, 전도해야할 필요성과 결단을 촉구하는 것은 상당히 어려운 시기입니다.

이 때, 필요한 것은 모든 참석자들이 그 모임 안에서 따뜻함과 평안함을 느끼고 계속해서 소그룹에 참석 할것을 스스로 결정하도록 하는 동기를 부여하는 일이 우선인 것입니다. 따라서 구성원들이 하나의 그룹으로써 공동체를 이룰 수 있도록 교제하는 것에 시간과 모든 활동을 집중하고, 그 다음에 보다 깊이 있는 성경연구와 모임의 확장을 꾀하도록 하는 것입니다.

탄생의 시기가 지나가면, 그룹 세우기를 위한 교제의 요소를 한 발짝 뒤로 돌리고 구성원들이 소그룹 안에서 보다 성숙하도록 하기 위해서는 성경연구와 확장(선교와 전도)에 대한 깊이 있는 결단을 촉구하는 분위기와 시간으로 이끌던 됩니다. 소그룹의 생명주기에 맞추어 마지막 단계까지 소그룹이 가져야할 3대 요소를 우선 순위를 고려하여 시간을 배정하고, 교과과정이나 교재활용을 한다며, 그 소그룹은 훨씬 역동적으로 진행될 것입니다.

K(Koinonia)전략 : 코이노니아

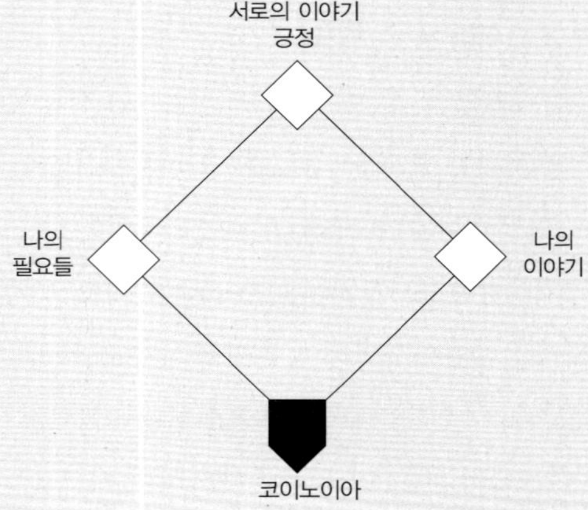

K전략은 이 전략은 소그룹이 탄생 시기에 그 소그룹을 견고하게 하기위해서 사용해야할 전략입니다. 야구장에 나타 나는 각 베이스들은(1루, 2루, 3루, 홈베이스) 소그룹의 구성원들이 결속되고 견고하게 완성되기 위해서 거쳐야할 각 과정을 나타냅니다. 이 아이디어는 모든 소그룹 구성원들이 홈베이스(궁극적인 코이노니아)를 향하는 과정에 각 베이스에 머무르며 내야를 한바퀴 도는 야구 선수처럼 각 과정을 돌아서 목표지점에 들어가는 과정을 보여줍니다.

자기소개

먼저 1루 베이스는 자기 소개의 과정입니다. 소그룹에서 소그룹 자체를 건강하고 견고하게 만들기 위해서 구성원 각자가 다른 참가자들에게 줄 수 있는 가장 큰 선물은 다른 것이 아닙니다. 바로 자기 자신을 선물로 내어놓는 것입니다. 이런 점에서 1루 베이스는 구성원 각자가 자신에 관한 이야기들을 다른 사람들과 함께 나누는 과정으로써 '자기소개' 라고 부를 수 있습니다. 즉 부담없이 "서로를 알기 위한" 시간인 것입니다. 이 기회에 모든 구성원들은 거추장스러운 외투를 벗어 걸어 놓고, 무겁게 짊어지고 다니던 짐 보따리를 풀어놓고, 자신이 살아온 여정을 드러내고 보여주는 과정을 가지는 것입니다. 자신의 과거인 고향과 어린 시절의 추억들, 그리고 중요한 사람들에 대해서 뿐만 아니라, 영적인 여정 가운데 과거 자신의 삶을 소개할 수 있는 시간이 바로 이 시간입니다. 그리고 자신의 현재를 소개하는 시간으로 영적인 순례의 과정에서 지금의 나는 어디에 있는가를 소개하는 시간을 가질 수 있습니다. 여기에 더하여 장차 미래에 어떤 비전을 품고, 무엇이 되고자 하는가에 대한 꿈과 소망들과 하나님으로부터 받은 소명을 함께 나누는 시간을 가지는 것입니다.

긍정의 과정

2루 베이스는 긍정의 과정입니다. 2루 베이스는 1루 에서 자신의 삶에 대해 소개하고 나눈 사람들에게 긍정적인 반응을 보이는 곳입니다. 구성원들이 한 구성원의 이야기에 대해서 긍정의 반응을 보이기 시작할 때, 그들 사이에는 '관계성' 이 창조되는 것입니다. 그러나 이 관계성은 단순한 '반응' 이나 남의 이야기를 잘 들어주는 기술을 넘어서는 그 이상의 것입니다. 즉 2루 베이스에서 모든 소그룹 구성원들은 한 사람의 자기소개에 대해서 그의 삶의 이야기들에 대한 무조건적인 수용과 전적인 긍정을 하는 것을 의미합니다. 진리의 문제와 관련이 없는 이상 전적인 수용과 긍정의 의사를 분명하게 보여줄 때, 자기 소개의 과정을 거치는 사람은 소그룹 내에 자신이 분명한 구성원이고, 배려받는 느낌으로 안정성을 가지게 되는 것입니다.

그러므로 2루 베이스에서는 "당신의 이야기에 대해 감사드립니다", "저는 당신의 이야기를 통해 ……을 얻게 되었습니다.", "당신의 이야기는 저에게 참으로 귀한 선물입니다."라고 말하는 것이 중요하다고 할 수 있습니다. 이런 점에서 모든 소그룹 구성원들은 서로에게 이렇게 반응하는 방법을 반드시 배워야 하고, 그것을 구체적으로 실천하기 위해 소그룹 전체의 약속이 필요합니다.

목표설정

소그룹의 결속을 위해 마지막으로 거쳐야할 3루 베이스의 과정은 '목표 설정' 입니다. 나눔과 긍정은 구성원들 상호간의 좋은 관계성을 이루어 주고, 좋은 관계는 거친 물결을 헤치고 항해하는 모험의 위험에서도 하나의 공동체로써 지속성을 유지할 수 있는 힘을 공급해 줄 수 있습니다. 따라서 3루 베이스에서는 보다 깊은 수준의 이야기를 나눌 수 있는 것입니다. "이제 당신은 어떤 삶을 살기를 원하십니까?", "하나님께서 당신을 부르시는 곳은 어떤 영역입니까?" 등의 물음에 대한 구체적인 비전에 대한 나눔은 모든 소그룹 구성원들에게 새로운 차원을 열어줄 것입니다.

따라서 3루 베이스의 과정은 성령님께서 사람들을 결속시키시고, 치료하시고, 새롭게 하셔서, 새로운 도전을 할 수 있도록 하는 곳입니다. 마침내 1루, 2루 3루를 효과적으로 거쳤을 때, 그 소그룹은 홈 베이스인 온전한 교제의 상태인 코이노니아에 이르게 됩니다.

이상에서 건강한 소그룹을 위한 4가지 전략을 간략히 소개하여 드렸는데, 건강한 교회를 이루고자 하는 분들에게 유용한 도구가 될 수 있기를 기대합니다. 소그룹의 원리는 어려우면서도 쉽고, 또 쉬우면서도 어려운 측면이 있습니다. 따라서 진지한 연구와 끈기 있는 시도가 소그룹을 준비하는 기본적인 자세임을 말씀드리고 싶습니다.

부록 3

소그룹 재편성을 위한 제안

첫 모임 때부터 조원들에게 그룹을 재편성시키는 일은 선한 일이며 필수적인 일이라는 것을 인식할 필요가 있습니다. 한 그룹을 너무 오래 이끌게 되면 재편성이 이루어져야 할 단계를 놓치게 되고 오히려 분열을 경험하게 될 것입니다.

전에 한 번도 그룹을 재편성시켜 본 경험이 없는 사람은 그룹을 재편성시키는 일을 생각할 때 두려움에 휩싸이게 될 수 있습니다. 그룹의 힘은 누가 그 모임에 소속되어 있는가 하는 것보다 그 모임이 누구의 모임인가 하는데서 나오는 것입니다. 그러므로 우리는 생각을 바꾸어야 하고 그런 두려움에서 벗어날 수 있어야 합니다.

가능하다면 그룹을 재편성시킬 때 보조리더를 함께 임명하는 것이 좋습니다. 이렇게 하면 뒤이어 탄생하는 모든 그룹에 안정감을 줄 수 있을 것입니다. 보조리더로 섬길 사람이 없다면 당황하지 말고 기도하십시오. 신임 리더에게는 믿음직한 보조리더를 짝으로 붙여 주는 것이 좋습니다. 보조리더의 인원수가 충분하지 않을 경우 우선 신임리더에게 보조리더를 붙여주어야 합니다. 경험이 많은 리더들은 혼자서도 감당할 수 있기 때문입니다.

조원들에게 그들이 어떤 리더를 더 좋아하는지 묻지 마십시오. 오히려 조용히 하나님께 나아가 하나님이 그들에게 어떤 리더를 필요로 하시는지 묻는 것이 좋습니다. 자신들이 좋아하는 리더를 찾으려고 하면 경쟁심이 일어나게 되어 결국은 그룹의 일체감이 사라지고 스트레스는 높아지고 큰 불협화음이나 혼란이 일어나게 될 것이기 때문입니다.

어떤 조원은 어떤 리더와 함께 공부하게 될 것이라고 추정하거나 조원이 리더를 선택하는 일이 없도록 해야 합니다. 그리고 그룹을 새로 구성할 때는 정치적이거나 교묘한 조작이라는 인상을 주지 않도록 조심스럽게 그룹을 나누어야 합니다. 그룹을 나누는 일에 참여하는 사람은 성령께서 원하시는 방법대로 그룹이 잘 나눠지도록 성령을 의지해야 합니다.

그룹을 재편성하는 일은 말씀을 듣고 기도하는 자세로 하여야 합니다. 낙담과 부정적인 생각이 마음을 지배하지 못하게 하십시오. 요한복음 14-17장을 읽고 묵상하며 예수님의 방법을 통해 영적인 통찰력을 얻을 수 있기를 바랍니다. 재편된 그룹이 새로 출범하기 전 주에는 축하행사를 진행하는 것이 좋습니다. 성찬식과 같은 형식도 좋을 것입니다. 그리하여 하나님께서 자신의 그룹에서 행하신 일들을 기억하고 감사하며 서로 서로를 위해 그리고 모든 그룹의 미래를 위해 기도하는 시간을 가지십시오.

재편성이 이루어진 후에는 새로운 그룹을 섬기는 일에 전념하여야 합니다. 새로운 그룹은 옛 그룹과는 다른 완전히 새로운 그룹이라는 것을 기억할 필요가 있습니다. 이제 과거는 잊어버리고 성령이 우리들 가운데 새로운 일을 하실 수 있게 하십시오..

저자소개

채 이 석 목사 (한국소그룹목회연구원 원장 / 소그룹하우스 발행인)

총신대학교 신학과(B.A.)와 신학대학원(M.div.)을 졸업하고 미국 리폼드 신학교(Reformed Theological Seminary, Th.M.)와 웨스트민스터 신학교(Westminster Theological Seminary, Th.M. & D.Min. 과정) 를 거쳐 시카고의 트리니티 복음주의 신학교(Trinity Evangelical Devinity School)에서 역사신학으로 박사(Ph.D.)학위를 취득하였습니다.
현재는 총신대학교 목회신학전문대학원의 교수로서 그리고 비전교회의 담임목사로서 건강한 소그룹을 통해 건강한 교회를 만들기 위한 사역에 열정을 바치고 있습니다.

이 상 화 목사 (한국소그룹목회연구원 대표 / 소그룹하우스 편집인)

총신대학교 신학과(B.A)와 신학대학원(M.Div)을 졸업하고 총신대학원에서 신학석사(Th.M) 학위를 취득하였고, 총신대학원에서 박사학위 과정을 이수하고, 조직신학을 전공으로 웨스트민트터신학대학원대학교에서 박사학위(Ph.D)를 취득하였습니다.
그동안 안양대와 실천신학대학원대학교 등지에서 강의해왔으며 현재는 사랑의교회 협동목사이며 또한 '교회갱신을 위한 목회자협의회'의 사무총장, '한국기독교목회자협의회'의 사무총장, 그리고 월간 〈ChristianityToday Korea〉편집인으로 섬기고 있습니다.
또한 웨스트민스터신학대학원대학교 교수로서 소그룹학위과정 프로그램코디네이터로 사역을 담당하며 이론을 실천에 옮기는데 최선을 다하고 있습니다.

성경공부시리즈 교과과정 안내

부르심시리즈

101 부르심시리즈의 기본 목적은 그룹을 세우는 것입니다. 101 교재는 세 가지 유형에 맞추어 준비되고 있습니다.

첫째 유형은 초신자용으로서 교회에 나오기 시작한 지 얼마 되지 않았고, 소그룹으로 공부해 본 적이 없는 사람과 새신자들을 위한 교재이며 제목은 "**믿음의 기초**"입니다.

둘째 유형은 교회에 오래 다녔으나 소그룹 성경공부의 경험이 별로 없는 사람들을 위해 만들어진 교재이며, 출간된 제목은 "**새로운 시작**"입니다.

셋째 유형은 교회에도 오래 다녔고, 소그룹 성경공부 과정도 1회 이상 이수한 사람들을 위한 교재입니다. 제목은 "**새로운 도전**"입니다.

성숙시리즈

201의 성숙시리즈는 기독교의 기본진리, 그리스도인들이 갖추어야 할 성품, 경건훈련, 사회생활, 치유, 인물탐구, 제자도, 결혼, 남성상, 여성상, 인간관계 등과 같이 성숙한 그리스도인이 되기 위해 필요한 모든 주제들을 다루게 됩니다.

심화시리즈

301의 심화시리즈는 보다 깊이 있는 성경연구를 할 수 있도록 제작됩니다. 201이 주제별로 다루어진다면 301은 성경의 권별로 접근하게 됩니다. 그래서 성경의 기록 목적과 주제와 깊은 신학적인 내용까지도 배울 수 있도록 구성될 것입니다.

보내심시리즈

401의 보내심시리즈는 새로운 그룹을 탄생시키기 위해 갖추어야 할 기본지식과 기술들을 가르쳐 주며 사도행전을 중심으로 새로운 그룹을 탄생시키는 것에 대한 성경적인 동기와 섬김과 봉사에 대한 헌신의 동기를 부여받게 될 것입니다. 이외에도 '성경공부가 무엇인지', '성경공부를 어떻게 진행해야 하는지', '그룹을 어떻게 관리해야 하는지'에 대한 구체적인 지침을 제공하고, 자신의 은사를 발견하게 해줌으로써 새롭게 리더가 되기를 원하는 사람들에게 도움을 줄 것입니다. 그리고 주님의 교회와 하나님 나라를 향한 헌신을 결단할 수 있도록 도움을 드릴 것입니다.

소그룹하우스 성경공부 출간 예정 교재 목록

101 부르심시리즈

책 제목	
새로운 시작	완간
믿음의 기초	완간
새로운 도전	완간

201 성숙시리즈

책 제목	
그리스도인의 성품	완간
그리스도인의 인간관계	완간
그리스도인의 가정생활	완간
그리스도인이 된다는 것	완간
그리스도인의 정체성	완간
결혼	근간
결혼 그 이후	근간
고난의 극복	근간
교제로의 초대	근간
교회와 예배	근간
그리스도인의 부모역할	근간
그리스도인의 사회생활	근간
그리스도인의 은사	근간
그리스도인의 자존심	근간
기도는 어떻게 하는가	근간
꿈	근간
남성들의 문제	근간
남성상	근간
돈(재물관)	근간
봉사생활	근간
상처치유	근간
성경	근간
성경의 위대한 남성들	근간
성경의 위대한 여성들	근간
스트레스	근간
아름다운 노후생활	근간
여성상	근간
여성의 문제들	근간
영성과 직업	근간
영적인 전쟁을 선포하라	근간
예수그리스도	근간
훈련받는 그리스도인	근간

이하 계속 주제 선정 중

301 심화시리즈

책 제목	
창세기	근간
출애굽기	근간
룻기	근간
사무엘상	근간
사무엘하	근간
느헤미아	근간
다니엘	근간
호세아	근간
마태복음	근간
요한복음	근간
사도행전	근간
로마서	근간
고린도전서	근간
고린도후서	근간
갈라디아서	근간
디모데전서	근간
디모데후서	근간
에베소서	근간
빌립보서	근간
골로새서	근간
데살로니가전서	근간
데살로니가후서	근간
히브리서	근간
야고보서	근간
요한서신	근간
베드로전서	근간
베드로후서	근간
요한계시록	근간

이하 계속 주제 선정 중

401 보내심시리즈

책 제목	
재탄생	완간
이렇게 인도하라	근간
이렇게 섬기라	근간

▶사정에 따라 출판 순서는 변동될 수 있으며, 각 교회 현장에서 교과과정을 짜기 용이하도록 순서가 바뀌어 출간될 수 있습니다.

소그룹성경공부 어떻게 인도할 것인가?

이 책은 팻시코라가 25년간 경험한 소그룹 사역의 총결산이라고 할 수 있는 책이다. 이 책에 담겨있는 내용은 효과적인 소그룹 성경공부의 특징, 토론을 이끌어가기 위한 원리, 좋은 리더의 자질, 소그룹 성경공부를 시작하기 전에 검토해야 할 일, 소그룹에서 발생할 수 있는 문제들과 그 해결책이다.

이 책은 미국에서 120만 부가 팔린 밀리언셀러이며 아마존 독자만족도 최우수의 책이다. 순장, 구역장, 셀리더 등 모든 종류의 소그룹 인도자들이 꼭 읽어야 하는 필독서이다.

신국판 | 300쪽 | 11,000원 | 팻시코라 | 소그룹하우스

소그룹하우스 출간 성경공부 교재

101 부르심
새로운 시작

101 부르심
믿음의 기초

101 부르심
새로운 도전

201 성숙
그리스도인의 성품

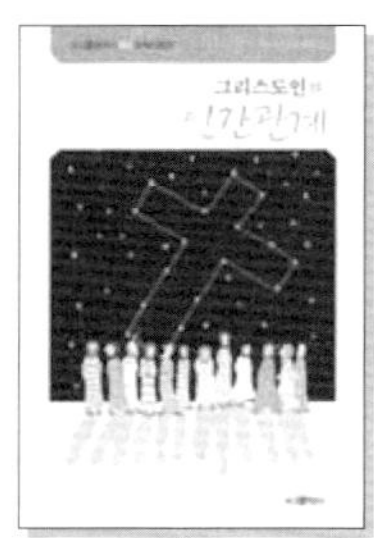

201 성숙
그리스도인의 인간관계

201 성숙
그리스도인의 가정생활

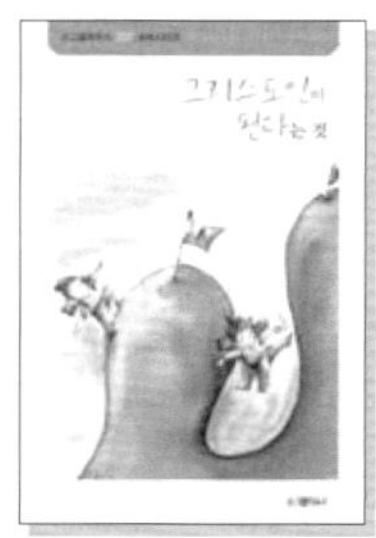

201 성숙
그리스도인이 된다는 것

201 성숙
그리스도인의 정체성